때가 찬 북한선교

때가 찬 북한선교

송바울 지음

국민북스

서문

한반도가 분단되어 남과 북이 다른 체제와 사상 속에서 산 지 80년이 다 되어간다. 이질화된 남북한의 사상과 이념, 사회와 문화의 장벽을 허물고 사회를 통합할 해법이 보이지 않는다. 사람의 길이 막힐 때, 하나님의 길은 시작된다. 폐쇄된 북한에 대해 알 길이 없고 저들의 내밀한 삶의 일상을 접할 길도 없던 때, 하나님은 새로운 길을 열어놓으셨다. 1994년 김일성 사망 후, 북한의 고난의 행군 기간에 수많은 탈북자들이 사선을 넘어 남한 땅에 들어와 북한의 민낯을 보여주기 시작했다.

그 후, 한 세대(30년) 가까이 지나면서 우리는 많은 정보를 얻었다. 북한의 주체철학을 만든 황장엽(1997년 망명)을 비롯해 3만 5,000여 명의 다양한 계층의 탈북민이 남한에 들어와 북한에 대한 정보를 생생하게 들려주었다. 필자는 1년 가까이 황장엽으로부터 직접 주체사상의 뿌리가 되는 주체철학(인본주의 철학)에 대해 배울 수 있었다. 또한 탈북민들의 생생한 증언을 들으며 북한을 이해할 수 있는 기회가 주어졌고, 북한의 정치체제를 공부하면서 북한의 종교와 정치 지형의 변화들에 대해 알게 되었다. 기도하면서 깨달은 사실이 있다. 현재 북한에서 하나님이 일하고 계신다는 것, 지금이야말로 북한선교를 위한 '때가 찬 시간'이라는 것이다.

분단된 한반도에 임한 통일의 카이로스 시간에 실시되어야 할 북한선교는 '때가 찬 북한선교'다. 이 땅에 오신 예수님이 "때가 찼고 하나님 나라가 이 땅에 닿았다"고 선언하시면서 그의 나라와 의를 선포하신 것처럼, 지금은 북한 땅이 수령의 나라가 아니라 하나님의 나라임을 선포해야 할 때다. 더 이상 그곳을 우상의 땅이 되게 해서는 안 된다. 북한 땅에 복되고 기쁜 소식을 전파해야 한다. 때를 얻든지 못 얻든지 전파해야 한다.(딤후 4:2) 북한 주민이 살길은 떡을 얻는 것이 아니라 주님의 말씀을 붙잡는 것이다.

예수님은 복음을 전파하는 우리에게 뱀처럼 지혜롭고 비둘기처럼 순결하라 명하셨다. 지혜는 전략이다. 북한선교는 철저한 인본주의와 영적 전투를 벌이는 것이기에 반드시 전략으로 싸워야 한다.(잠 24:6)

북한선교의 선봉에는 성령님이 계신다.(행 1:8) 성령님이 가시는 곳마다 어둠의 세력들과의 치열한 영적 전투가 있게 마련이다. 전 세계에서 가장 핍박이 심한 북한 땅에 복음을 전하기 위해서 가장 강력한 영적 전투를 치를 준비를 해야 한다. 이때, 가장 중요하고 긴급한 준비는 기도하는 것이다. 감사하게도 지금 전 세계의 기도하는 영적 군사들이 성령의 인도하심에 따라 북한선교를 위해 한반도로 진군하고 있다. 그러기에 지금은 때가 찬 북한선교의 시간이다.

전략적 북한선교를 위해 고민하며 기도할 때 받은 복음의 메시지를 지금과 같은 때가 찬 시간에 풀어놓을 수 있어 감사하다. 이 책의 주인은 주님이시다.

이 책이 북한선교를 위해 기도하는 목회자들의 손에 들려 말씀을 전하는 도구로 쓰이길 기도한다. 또한 전략적 북한선교를 시도하는 이들에게 영적 통찰력을 줄 수 있기를 기대한다. 그리고 오직 주의 사랑에 겨워 북한을 품고, 눈물로 북한선교를 위해 간구하는 이 땅의 모든 동역자들의 손에 들려 구체적으로 기도할 수 있는 도구가 되길 소망한다.

2023년 3월

주님의 작은 종, 송바울

하나님은 이미 북한선교를
시작하셨고(already), 아직 완성되지
않았지만 반드시 이루어질 북한선교의
역사를 진행하고 계신다(not yet).
지금은 하나님이 일하고 계신 북한선교의
카이로스다. 우리 모두 하나님이 열어주신
북한선교의 카이로스를 붙잡아야 한다.

때가 찬 북한선교

제 1 강

때가 찬 북한선교

시대와 세대가 그 어느 때보다도 급격히 변하고 있다. 이런 때일수록 영적 분별력(spiritual discernment)이 중요하다. 아무 생각 없이 이 세대의 패턴을 따라가기보다는 마음을 새롭게 함으로 변화를 받아 주의 선하시고 기뻐하시고 온전히 여기시는 뜻을 이루는 삶을 살아야 한다.(롬 12:2)

Ⅰ. 기독교 박해의 시대

1. 68혁명과 기독교

1968년 프랑스에서 일어난 68혁명 이후 세계는 문화적 변혁을 경험해 왔다. 새로운 문화에 영향을 받은 세대가 일어난 이때를 '역사적 분기점'이라 말한다. 68혁명의 멘토는 마르크스, 마르쿠제, 마오쩌둥이다. 이들의 영향을 받은 이들이 반권위주의적인 가치혁명 혹은 문화혁명을 계속해서 일으키고 있다.

68혁명의 구호 '금지하는 모든 것을 금지하라'는 기독교의 절대가치인 성경이 금지하는 것마저 금지하며 자유롭게 사는 세상을 만들어 내고 있다. 이들은 신좌파 노선을 따르며, 육체의 욕망대로 사는 방종의 삶을 미화하고, 육체와 마음이 원하는 대로 사는 것(롬 8:5, 엡 2:2~3)을 정당화해 청년세대들로 하여금 기독교의 복음에서 멀어지게 하고 있다. 이 혁명의 물결이 전세계를 돌아 이제 남한 사회뿐 아니라 교회의 다음 세대들까지 휘저어 놓고 있다.

2. 북한과 기독교

북한은 김일성이 태어난 해(1912년)를 기준으로 그 이전과 이후를 나누는 주체 연호를 사용한다. 북한의 역사적 분기점은 김일성 수령이다. 마치 역사를 예수님의 탄생 이전(BC)과 이후(AD)로 구분하는 것과 같이 북한은 김일성 수령을 북한 사회 전체의 중심이 되도록 만들어 놓았다. 이렇게 예수를 수령으로 대치해 놓고 수령을 절대화하는 사회를 만들어 북한 땅에 복음의

광채가 비치지 못하게 막고 있다.(고후 4:4)

3. 기독교 박해

현재 전세계에서 2억 6,000만 명 이상의 기독교인들이 극심한 박해를 당하고 있다. 연도별로 보면 2020년에는 기독교인 8명 중 1명이 심각한 박해를 당했고, 하루 평균 8명이 순교했으며, 매일 26개 교회가 공격을 당했다. 2021년에는 76개 박해 감시국가의 기독교인 약 3억 6,000만 명이 박해를 받았다. 또한 5,898명이 순교했고, 6,175명이 구금됐으며, 5,110개 교회가 공격을 받았다. 이는 오픈도어선교회의 1993년 첫 보고서 이후 역대 최고 수준의 박해지수다.(오픈도어선교회 'World Watch List')

북한은 오픈도어선교회가 조사를 시작한 이래 19년 연속 전세계 기독교 박해 순위 1위 국가였지만 2021년 2위로 내려갔다. 이유는 탈레반이 재집권하면서 기독교를 집요하게 추적하고 박해를 가한 아프가니스탄에 1위 자리를 내어 주었기 때문이다. 하지만 순위는 한 계단 내려갔지만, 북한의 박해지수 자체는 2020년보다 오히려 더 높아졌다. 2017년부터 2020년까지 50여 명의 기독교인이 비공개 처형을 당했고, 100여 명이 무기징역으로 정치범 수용소에 들어갔으며, 수백 명의 기독교인이 수

년 형의 강제노동 교화형으로 수감된 채 고통을 당하고 있기 때문이다. 2022년 현재 다시 박해 1위가 되었고, 북한의 정치범 수용소엔 6~7만 명의 기독교인들이 수용되어 있다. 그중 한국인은 김정욱, 김국기, 최춘길, 탈북민 출신 고현철, 김원호, 함진우, 조선족 출신 장만석 선교사가 있다.

II. 북한선교에 대한 소명

1. 하나님이 시작하신 북한선교

북한의 경제는 1994년 김일성 사망 후 닥친 '고난의 행군' 시기에 최악에 빠졌다. 이때 수십만에서 수백만 명의 주민들이 아사한 것으로 알려졌다. 당시 북한 주민 수십만 명이 압록강과 두만강을 건너 조선족이 사는 조중(朝中) 접경지대로 나왔다. 이 시기는 북한의 조직적인 기독교 박해와 감시 속에 그루터기 지하교인이 점점 소멸해 가는 중이었다.

가족에게조차도 예수 믿는 것을 말하거나 전도하지 못하는 어려움 속에서 죽어가고 있을 때 하나님은 새로운 북한의 지하교인들을 세우셨다. 생존을 위하여 탈북하게 만드시고, 극도의 가난과 배고픔에 처한 이들을 택하셔서 복음을 심어 주셨다. 이때 북한선교를 위해 긴급히 투입된 남한의 사역자들이 미션홈을 세웠고, 거기서 탈북자들을 먹이고 보호하면서 복음을 들려주었다. 복음을 받아들인 이들이 다시 북한의 고향에 들어가 복음을 전하는 새순 지하교인이 되었던 것이다.

2. 꽃제비와의 만남

나는 1997년 조중 접경지대의 선교 현장을 방문했다가 꽃제비 소녀를 만났다. 소녀는 북한에 있을 때 배가 아파 보건소에 갔다고 한다. 맹장염이라며 당장 수술하자고 해서 마취 없이 배를 갈랐는데 맹장이 아니라고 해서 다시 봉합을 했다. 배가 계속 아파서 살기 위해 트럭에 매달려 강을 건너왔으니 제발 자신을 살려달라고 했다. 14세라고 하는데 7~8세 정도밖에 안 돼 보일 만큼 너무나 왜소했다. 까만 눈만 반짝이는 이 소녀가 너무 불쌍해서 기도한 후 사비를 털어 비공식적인 채널을 통해 재수술을 하게 했다.

한국에 돌아와 수술 결과를 들었는데 놀랍게도 그 소녀가 배가 아팠던 이유는 회충 때문이었다. 배가 너무 고파 길거리의 더러운 음식들을 함부로 주워 먹다 보니 회충이 늘어나 덩어리로 몰려다녀 아팠다는 것이다. 그 말을 들으니 마음이 저리고 먹먹했다. 그때부터 '북한선교는 고통 중에 있는 우리 혈육을 잊지 않는 마음에서 시작해야 하며, 반드시 우리 민족이 지고 가야 할 십자가이고 회피해서는 안 되는 사명'이라는 생각을 갖게 되었다.

3. 영화 '크로싱'과 차인표의 울음

김태균 감독은 꽃제비들이 장마당 시궁창에서 국수 부스러기를 주워 먹는 장면을 보고 충격을 받아 탈북자에 관한 영화 '크로싱'을 기획했다. 주연배우 차인표는 청진역 앞에서 가방을 끌어안고 죽은 아이 모습을 봤던 게 영화 참여의 계기가 되었다.

영화가 상영되고 나서 탈북민 인권을 다루는 모임이 연세대에서 열렸는데, 이 자리에서 차인표는 어린 시절 형과 밖에 나가 놀 때 경험했던 일을 들려주며 북한의 실상에 대해 이야기했다. 동네에 빈 지하실이 하나 있었는데, 그 안을 들여다보고 싶어 좁은 창틀을 비집고 머리를 안으로 집어넣었다고 한다. 실내는 캄캄해 아무것도 보이지 않았고 다시 목을 빼려고 했지만 창틀에 끼여 빠지지 않았다. 당황스럽고 무서워서 큰 소리로 울었는데, 그 울음소리가 밖으로 나가지 않고 지하 방안에서만 맴돌았다.

한 살 위인 형이 옆에 있었지만 이러지도 저러지도 못했다. 그렇게 공포에 빠져 있을 때 형이 뒤돌아서더니 길거리를 향해 큰 소리로 울었다. 형의 울음소리를 들은 어른들이 다가와 자신을 꺼내 주었다고 한다. 차인표는 "북한의 상황도 이와 같다"면서 이렇게 설명했다.

> "북한 주민은 폐쇄된 사회의 공포 속에 살아가고 있다. 나처럼 아무리 고통 속에서 울어도 그 소리가 밖으로 나가지 않는다. 그러니 형제인 우리가 세상을 향해 대신 울어줘야 하지 않겠는가?"

차인표는 이후 연예인들과 함께 '크라이 위드 어스'(Cry with us) 콘서트를 열어 탈북자, 북한 주민을 위해 우는 일을 시작했다.

Ⅲ. 북한선교의 때

1. 북한선교의 카이로스

북한선교의 때를 결정하는 분은 하나님이시다. 하나님은 이미 북한선교를 시작하셨고(already), 아직 완성되지 않았지만 반드시 이루어질 북한선교의 역사를 진행하고 계신다(not yet). 남한의 모든 교회는 이 하나님의 사역에 동참해야 한다. 북한선교는 때를 얻든지 못 얻든지 반드시 이행해야 할 사명이다.

북한선교는 하나님의 '때가 찬'(πεπληρωται ο καιρος) 사역이다. '때'에 대한 헬라어 단어는 두 개가 있다. 크로노스와 카이로스다. 크로노스는 역사 속에 흘러가는 시간이고, 카이로스는 하나님의 경륜과 역사가 진행되는 시간이다. '북한선교의 때가 찼다'는 말은 역사 속 시간이 어느 때에 이르렀다는 것이 아니라 한반도의 통일과 북한선교를 향한 하나님의 경륜의 때가 찼다는 뜻이다.

카이로스는 올림포스 신전에 조각되어 있는 신이다. 머리의 앞부분에만 머리카락이 있고 뒷부분엔 머리카락이 없다. 따라서 카이로스를 붙잡으려면 앞으로 다가올 때 머리채를 잡아야지 지나가고 나면 뒤에서는 잡을 수가 없다. 희랍인들은 이 신의 이름을 카이로스 혹은 '기회의 신'이라 불렀다.

지금은 하나님이 일하고 계신 북한선교의 카이로스다. 우리 모두 정신을 바짝 차리고 자다가 깰 때다.(롬 13:11) 북한선교의 기회를 놓쳐서는 안 된다. 북한의 고난의 행군 시기에 수십만 명의 탈북민이 조중 접경지대를 넘어왔지만, 한국교회는 이들을 선교할 준비가 되어 있지 않아 소수의 열매밖에 거두지 못했다. 북한의 절박한 경제적 위기는 또 다른 북한선교의 기회가 될 수 있다. 하나님이 열어주신 북한선교의 카이로스를 붙잡아야 한다.

2. 하나님의 사람들과 카이로스

에녹은 므두셀라를 낳고 심판의 때(카이로스)를 알았다. 그래서 선지자로 주와 동행하는 삶을 살 수 있었다. 아들을 낳기 전 65세까지는 크로노스의 삶이었다. 흐르는 시간 속에 자신을 맡긴 채 그럭저럭 살았을 것이다. 하지만 므두셀라를 낳는 순간, '이 아이가 죽는 날 하나님의 심판이 임할 것'을 깨달은 에녹은 이전과는 전혀 다른 선지자의 삶을 살았다. 하나님과 동행하는 삶을 산 것이다.

호렙산 떨기나무 속에서 말씀하시는 여호와를 만나는 순간, 모세는 이전의 80년과는 전혀 다른 40년의 삶을 살았다. 출애굽의 때가 찬 역사에 자신이 부름받았음을 알고 이집트로 돌아갔고, 출애굽이라는 대역사의 주역으로 헌신했다.

바울은 다메섹 도상에서 주님을 만난 순간, 그의 부르심의 때를 깨달았다. 그는 유대인과 이방인 선교를 위한 사명자로 선교 사역에 뛰어들었다. 모든 하나님의 사람들은 카이로스의 순간을 붙잡은 자들이다.

3. 북한의 지하 성도와 카이로스

지금 북한의 지하 성도들은 에녹처럼 종말론적 심판을 기억하며 주와 동행하고 있다. 오늘 우리 남한의 성도들은 '출북한(出北韓)'의 비전을 바라보며 떨기나무 가운데서 말씀하시는 하나님의 부르심에 응답해야 한다. 바울은 이방인 선교를 실행하던 중 성령께서 보여주시는 마게도냐인의 도움의 손짓을 보고 유럽 선교의 문을 열었다. 우리는 북한 주민들의 도움을 구하는 손짓, 순교자의 피의 환상을 보며 북한선교의 카이로스에 응답해야 한다.

Ⅳ. 북한선교의 사명

오늘 우리는 하나님의 주권통치가 남북한 한반도 땅에 임하여 진정한 통일의 문을 열고 땅끝 선교를 향해 진군할 수 있도록 한반도 복음화를 위해 회개하고 복음을 믿어야 한다. 그렇게 해서 남한의 복음화뿐만 아니라, 복음을 거부하는 북한체제 속에 수령이 아닌 예수님이 주인이심을 선포하는 북한선교에 나서야 한다.

1. 사명을 주시는 하나님

삼위일체 하나님은 지금도 북한선교의 현장 속에 강력히 역사하고 계신다. 성령은 우리의 연약함을 돕고 계신다. 가장 최악의 선교 현장 속에 강력한 성령의 도우심이 나타나 사역을 진행시키고 계신다.

하나님은 예지와 예정, 소명과 사명, 의롭다 하심과 영화롭게 하심이라는 구원의 영적 은혜와 구속사의 섭리 속에 역사하신다. 예수님은 우리가 환란이나 곤고, 핍박이나 기근, 적신이나 위험, 칼, 사망, 생명, 천사들, 권세자들, 현재 일, 장래 일, 능력, 높음, 깊음 등 그 어떤 피조물로부터도 넘어지지 않도록 더 강력한 성령의 힘으로 우리를 붙잡아 주셔서 이 모든 사명을 감당케 하신다.

2. 사명에 대한 각성

미국의 방송인 오프라 윈프리가 정의한 사명을 따라 북한선교를 표현하면 이렇다. 첫째, 남보다 더 가졌다는 것은 축복이 아니라 사명이다. 우리 남한은 북한보다 더 많은 복을 받았다. 이것은 축복이 아니라 북한선교를 위한 사명이다.

둘째, 남보다 아파하는 것은 고통이 아니라 사명이다. 오늘 우리가 분단과 북한의 현실을 보고 아파하는 것은 고통이 아니라 북한선교를 위한 사명이다.

셋째, 남보다 설레는 꿈은 망상이 아니라 사명이다. 한반도 통일의 설레는 꿈, 북한의 교회가 다시 회복되는 설레는 꿈은 망상이 아니라 사명이다.

넷째, 남보다 부담되는 어떤 것이 있다면 그것은 짐이 아니라 사명이다. 그렇다. 통일도, 북한선교도 실로 부담되는 일이다. 하지만 이는 짐이 아니라 사명이다.

3. 성령의 권능과 사명

북한선교는 우리가 우리의 힘으로 이루는 우리의 역사가 아니다. 그것은 성령의 능력과 권능으로 성령이 이루시는 성령의 역사라는 사실을 잊지 말아야 한다.(행 1:8) 성령은 남한과 북한은 물론 전세계의 복음화를 향해 지금도 역사하고 계신다.

V. 북한선교의 Here and Now

1. 지금 당장 해야 할 사명

기독교 미래학자 최현식 아시아미래연구소 소장은 그의 책 '2020-2040 한국교회 미래지도 2'에서 남한 교회의 공통 소명 가운데 하나로 통일목회를 제시했다. "통일목회는 지금부터 당장 교회 사역에 반영돼야 한다. 지혜를 내 준비하고 사역 전략을 구상해야 한다. 이 사역에 참여하는 것은 그 어떤 교회도 예외가 될 수 없다. 그래서 공통 소명이라고 강조하는 것이다."

북한 선교사도, 통일 학자도 아닌 기독교 미래학자인 최 소장이 통일목회를 주장한 이유를 헤아려야 한다. 그의 말대로 한국 교회는 미래를 위해서 지금 당장 한반도를 통일로 이끌어 갈 수 있는 통일목회를 실시해야 한다. 통일목회의 대상은 한반도다. 남한만 대상으로 하는 목회가 아니라 복음을 듣지 못하는 북한 땅까지 포함한 한반도 전체를 두고 하는 목회다.

2. 사도 바울의 본

북한선교에 참여하고자 한다면 바울의 선교 자세를 본받아야 한다.

> "내가 그리스도 안에서 참말을 하고 거짓말을 아니하노라 나에게 큰 근심
> 이 있는 것과 마음에 그치지 않는 고통이 있는 것을 내 양심이 성령 안에
> 서 나와 더불어 증언하노니 나의 형제 곧 골육의 친척을 위하여 내 자신이
> 저주를 받아 그리스도에게서 끊어질지라도 원하는 바로라"(롬 9:1~2)

골육과 친척을 위해서라면 자신의 생명이 그리스도에게서 끊어지는 것도 상관없고, 오히려 원하는 바라고까지 고백한 바울의 신앙 자세를 갖고 우리는 골육이요 친척인 북한을 구원하는 일에 적극적으로 참여해야 한다.

3. 사명자에게 주시는 은혜

북한선교는 하나님이 기뻐하시는 일이다. 이 사역을 진행할 때 하나님은 우리의 기도에 응답하시고 물 댄 동산같이, 물이 마르지 않는 샘같이 우리에게 지속적인 영적 은혜를 공급해 주실 것이다. 또한 이를 통해 황폐한 북한의 교회를 다시 세우실 것이며, 역대에 파괴된 영적 기초를 쌓으실 것이며, 무너진 곳을 보수하고 길을 수축하여 한반도에 하나님 나라가 세워지도록 역

사하실 것이다.(사 58:11, 12)

4. 북한선교의 소명과 사명을 받은 자의 결단

예수님은 이 땅에서 피(엡 2:13)와 몸(엡 2:16)과 심한 통곡과 눈물로(히 5:7) 사명을 완성하셨다. 오늘 우리에게 필요한 것은 한반도를 위한 눈물이다. 느지막이 주님께 돌아온 이어령 전 문화부 장관은 이런 말을 남겼다.

> "우리는 피 흘린 혁명도 경험해 봤고, 땀 흘려 경제도 부흥시켜봤어요. 딱 하나 아직 경험해보지 못한 것이 눈물, 즉 박애(fraternity)예요. 나를 위해서가 아니라 모르는 타인을 위해서 흘리는 눈물, 인간의 따스한 체온이 담긴 눈물 말입니다. 인류는 이미 피의 논리, 땀의 논리를 가지고는 생존할 수 없는 시대를 맞이했어요. 우리에겐 어느 때보다 뜨거운 눈물 한 방울이 절실합니다."

지금은 북한선교를 위한 카이로스의 시간이다. 이미 하나님은 북한선교를 진행하고 계신다. 오늘 우리는 주님이 일하시는 그 현장에로의 부르심에 응답해야 한다. 북한선교의 현장을 향해 주님의 심정으로 흘리는 눈물 한 방울로 응답해야 할 때다.

북한체제의 바른 이해

제 2 강

북한체제의 바른 이해

　한반도 북쪽의 조선민주주의인민공화국은 단지 남쪽의 대한민국과 군사분계선을 경계로 분단된 개별국가로만 이해될 수 없는 나라다. 우리의 헌법에 따르면 이 땅은 한국의 강역에 속하며, 반드시 한반도는 통일되어야 하고, 이 체제는 바뀌어야 한다. 하지만 북한은 체제를 보장하지 않는 한 어떤 협상이나 대화에도 응하지 않을 것을 분명히 하고 있고, 수령독재 체제를 옹위하기 위해 핵무력 강화와 도발을 지속하고 있다. 이러한 북한을 바르게 이해하기 위해서는 분단 이후 북한이 어떤 체제를 형성하였고, 지금까지 어떻게 그 체제를 유지해 왔으며, 현재 어떻게 그 체제를 지속하려 하는지 살펴보아야 한다.

Ⅰ. 북한의 수령절대주의 체제 형성

1. 수령 정체성 형성

　3대까지 이어지는 북한의 수령 정체성의 뿌리는 김일성이 따른 소련 스탈린의 수령독재 모형이다. 그것은 북한에서 마르크스의 '과도기 이론'을 따라 당 독재가 아니라 수령 개인 독재 통치를 실시할 때 싹이 나기 시작한 것이다.

　수령절대주의 통치 이념은 1967년 '5·25 교시' 이후 황장엽에게 주체철학을 정립해 올 것을 요구한 때부터 시작되었다. 수령을 절대적 존재로 형상화하기 시작한 것은 당의 유일사상체계 확립의 10대 원칙을 당 규약의 상위법으로 세운 때부터다. 이때 북한 주민에게 수령절대주의를 내재화하기 위해 전개한 이론은 주체문예론이다. 다음은 1960~1980년대 초까지 수령 정체성 강화를 위해 북한이 취한 조치들이다.

　　1967년 5월 당 안에서 수령 호칭 시작

　　1970년 5차 당 대회, 김일성 당 총비서

　　1972년 국가주석, 당 국가체제

　　1974년 김정일 제안, 당의 유일사상체계확립의 10대 원칙

수령: 절대성, 신조화, 무조건성, 정치적 생명

1975년 주체문예론 시작(주체사상에 기초한 문예이론)

1980년 주체문예론 공식화

1982년 김정일 주체사상 논문 발표(김일성 70돌 기념논문)

2. 수령의 절대적 권력과 특권

북한은 수령절대주의 정체성을 세우는 과정에서 수령에 대해 절대적 권한뿐만 아니라 절대적 권력을 누리도록 통치자금을 따로 관리하게 하는 등 수령에게 최고의 특혜를 주었다. 수령이 누릴 수 있는 권한의 하나로 특각(우리의 별장)만도 40개가 넘는다. 대표적인 특각으로 평양-원산(원산특각), 평양-신천(신천특각), 평양-남포(온천특각), 평양-희천(묘향산특각), 평양-평성(자모산특각) 등이 있다.

특각마다 그 특징이 다르다. 사냥터가 있는 100만 평 규모의 천마산특각이 있는가 하면, 국제친선기념관이 있는 묘향산의 향산특각에는 수령에게 수많은 나라와 사절단이 친선예물로 바친 선물들이 전시되어 있다. 특각의 규모와 부대시설은 대부분 수십만 평의 부지 위에 연회장, 낚시터, 승마장, 사냥터 등 각종 레저시설을 갖추고 있고, 수백 명의 인원이 상주하면서 경비를 서며 관리하고 있다. 수령이 누리고 있는 특권은 왕권 시대 왕이 누리던 특권 이상이며, 수령은 절대자유와 절대선택의 권리를 북한 땅 안에서 누리며 살고 있다.

3. 수령절대주의 확립

북한에서 1986년은 수령절대주의를 확립하는 분기점이 되는 해이다. 이 시기의 세계정세는 독재와 폐쇄주의를 벗어나 개혁 개방으로 나가는 상황이었다. 소련에서는 고르바초프에 의해 페레스트로이카(러시아어로 '다시'를 뜻하는 '페레'와 건축을 뜻하는 '스트로이카'가 합성된 말로 정치 개혁·재건정책)와 글라스노스트(경제 개방) 정책이 시작되었고, 베트남에서는 도이모이 정책이 도입돼 개혁 개방이 시작됐다. 남한에서는 1987년 6·29 선언으로 민주화와 직선제 개헌을 이룬 시점이다.

세계정세가 민주화와 개혁 개방으로 나갈 때 북한은 오히려 그동안 형성한 수령독재국가 체제를 더 강화시키며 역주행했다. 북한은 수령절대주의 국가로 나아가기 위해 수령을 머리로 하고 북한 주민을 지체로 하는 '사회정치적 생명체론'을 발표했다. 유기적 공동체로서의 수령절대국가를 선포한 것이다.

Ⅱ. 북한의 수령절대주의 체제 유지

1. 수령절대주의 통치를 위한 성분정책

북한 사회는 평등한 사회가 아니다. 북한은 성분정책을 통해 주민을 관리·통제하는 사회주의 계급사회이다. 북한 정권은 성분정책을 통해 각 주민의 출신 배경과 사회적 활동에 따라 성분을 분류, 북한 주민을 계급화했다. 1958~1960년 중앙당 집중지도사업을 통해 불순분자를 색출, 처단하고 산간벽지로 강제 이주시켰다. 1966~1967년 주민 재등록사업에서는 직계 3대와 외가 6촌까지 조사하여 성분을 분류했다. 1968년 풀어주는 사업(노동당의 반종교정책 전개 과정에서 복잡계층으로 추락한 종교인 가운데 북한체제에 동조·협력하는 자들의 허물을 말소시켜 주는 사업)을 통해 각 성분을 분류했다.

1967년 4월~1970년 6월까지 조사해 북한 주민을 핵심계층, 일반계층(동요계층), 복잡계층(적대계층)의 3계층 51개 부류로 구분했다. 주민 요해사업(1972~1974년), 주민증 검열사업(1980년), 주민증 갱신사업(1983~1984년), 주민 재등록사업(1989~1990년), 공민증 갱신사업(1998년), 공민증 교체발급(2004년 4월)을 실시, 지속적으로 수령과 당에 충성하는 정도에 따라 주민의 성분을 재조정하고 있다. 1999년 이후부터는 초급 당 비서, 부비서, 세포비서 등이 분기별로 성분심사를 지속적으로 실시하고 있다.

백두혈통으로 분류되는 수령 일가는 핵심계층 가운데서도 특수계층으로 상상 이상의 특권을 누리며 사는 반면, 적대계층으로 분류된 이들은 북한의 주류 사회로의 진입은 물론 당원이 되거나 심지어 대학에 진학하는 것도 허락되지 않는 차별대우를 받으며 살고 있다. 정치범 수용소에 갇혀 있는 주민 20여만 명(기독교인 4~6만 명)은 수용소와 관리소, 교화소 등에서 인권이 유린된 채 최악의 삶을 연명하고 있다.

2. 수령절대주의 전수를 위한 다음 세대 양육

북한에서는 다음 세대들이 수령절대주의 체제를 수용하고 이어가도록 사상 교육을 조기부터 실시하고 있다. 소년단(7~13세)과 청년동맹원(14~30세)들에게 집중 세뇌교육을 실시하여, 북한체제에 저항하지 못하도록 하고 있다. 이런 과정을 거친 이들은 주체사상을 몸으로 체득하게 된다. 유아기를 지나 소년단(7~13세)에 들어가면 본격적으로 수령에게 충성하는 법을 배우게 된다.

1946년 6월 6일 창단된 소년단은 아동 사상 교육의 출발선이다. 입단 선서는 김일성의 초상화 앞에서 실시되는데, 소년단 지도원 선생님을 따라 "나는 조선 소년단에 입단하여 원수님의 충직한 아들, 딸로서 … 억세게 싸워나가겠습니다"라고 복창을 한다. 선생님이 "사회주의 건설의 후비대가 되기 위하여 항상 준비하자"라고 외치면 어린이들은 오른손을 머리 위로 들어 "항상 준비"라고 경례를 하면서 입단하게 된다. 이후 이들은 주체혁명 교육을 받기 시작한다.

청년동맹(14~30세)은 현재 '사회주의 애국청년동맹'으로 불리며 노동당 산하 4개 근로단체(직업총동맹, 농업근로자동맹, 민주여성동맹, 청년동맹) 중 규모와 범위가 가장 크다. 소년단을 마치면 가입되게 되어 있어 계속 동맹원이 확보되고 있다. 청년동맹은 노동당의 후비(후진)조직으로 북한의 모든 지역과 모든 분야, 단위에 구성되어 운영되고 있고, 인원은 약 500만 명 정도 된다.

북한은 현재 다음 세대들이 한류의 영향을 받는 것을 염려하여 '반동사상문화 배격법'(2020년)과 '청년교양보장법'(2021년)을 제정하여 사상 교육을 한층 더 강화하고 있다. 북한의 다음 세대는 어릴 때부터 집단지도체제에 의해 수령과 노동당을 위해 충성하는 자로 양육된다.

3. 수령절대주의 강화: 수령 우상화 사회

북한 정권은 수령절대주의를 정당화하기 위해 5대 수령신화를 만들어 냈다. 또한 북한 주민을 세뇌시켜 수령절대주의에 의한 수령우상화사회를 형성했다. 그 5대 수령신화는 다음과 같다.

첫째, 김일성 수령이 억압 속에 있는 우리 민족을 일제의 폭정으로부터 해방시켰다고 주장하는 독립(해방)신화이다. 마치 모세가 이스라엘 민족을 애굽에서 구출해낸 것처럼 김일성이 우리 민족을 일제를 비롯한 제국주의로부터 구출해냈다는 것이다.

둘째, 수령은 어떠한 전쟁과 싸움에서도 패배한 적이 없다고 주장하는 승리신화다. 6·25전쟁도 북한에서는 김일성이 승리한 승전이라고 주장하며 이날을 승전기념일로 지키고 있다.

셋째, 수령이 북한 인민을 반드시 지상낙원으로 이끌어 갈 것이라고 하는 낙원신화다. 특히 김정일은 고난의 행군을 거치는 동안 '북한 주민들이 자력갱생을 통해 이 고난의 시간을 잘 인내하면서 혁명투쟁을 이어가면 반드시 인민들의 지상낙원이 될 것'이라는 신화를 강하게 주입시켰다.

넷째, 통일신화로 김일성은 1980년 통일 한반도의 국호를 '고려민주연방공화국'이라 정해놓고 '한반도 통일은 수령에 의해 이루어질 것'이라는 신화를 주민들에게 세뇌시켰다.

다섯째, 백두산에서 승전을 벌이고 백두산에서 태어나고 백두산의 뿌리를 잇고 있는 김일성 일가에서 수령이 나와야 하고, 김일성의 핏줄을 잇는 백두혈통이 수령의 혁명을 계승, 완성해야 한다고 주장하는 백두혈통 세습신화다.

북한의 유일 통치를 위한 10대 원칙, 김정일의 유훈 통치, 우상화 교육을 위한 새벽 참배, 생활총화, 사업총화, 월요강연회, 수요강연회, 토요학습회, 수령찬양 노래집과 찬양대회, 주체력과 수령 동상, 주체사상탑, 영생탑, 수령 형상 사진, 수령휘장, 김일성 태양궁전 성지화가 일상화된 북한을 한마디로 규정한다면 '수령우상 종교국가'다.

북한은 기독교의 종교형식을 차용한 사이비 종교사회로 '수령절대주의 신권국가 체제를 만들어 수령을 우상화한 사회'라고 할 수 있다. 특히 수령 우상화를 극대화하기 위해 거짓 역사 조작을 거침없이 진행했다. 러시아 하바로프스크에서 태어난 김정일을, '김일성의 빨치산 활동 시 백두산 밀영 귀틀집에서 출생했다'고 조작해 출생지를 백두산으로 옮기고, 1987년부터 이곳을 성지화하기 시작했다.

1986년에는 김일성 유격대가 백두산 밀영에 있을 때 써놓았다는 일명 구호나무를 찾으라고 지시하여 "김일성 장군은 민족의 태양이시다", "2천만 동포여, 우리나라가 독립하면 김일성 장군을 민족의 최고 령수로 모시자"라는 충성의 구호들을 발견했다고 한다.

이후 발견된 구호나무에서는 내용이 점점 더 추가되었다. 1986년 김일성 저작집에는 구호나무에 대한 내용은 없고 항일투쟁 내용만 나온다. 1987년 김정일 선집에는 수령에 대한 유격대원의 충성심을 배우자는 내용이 추가되면서 구호나무가 등장한다. 1996년 이후부터는 발굴된 구호나무에 보호대를 설치해 보전하더니, 급기야 선전선동부에서는 '백두산 밀영을 중심으로 1930년대 후반부터 1940년대 초반의 구호나무 200여 그루가 발견되었고, 이후 1991년까지 북한 전역에서 1만 2,000여 그루가 발견되었는데, 그중 김정일을 칭송한 것은 210그루, 김정숙을 칭송한 것은 330그루'라고 발표했다.

현재도 북한은 거짓으로 만들어 낸 구호나무를 영구보존하기 위해 고가의 통유리에 아르곤 가스를 주입하고 화재 예방 스프링쿨러와 방화선까지 쳐놓는 등 구호나무 한 그루당 한 해 2,000만 원의 관리 비용을 쓰고 있다. 전체 구호나무 관리 비용으로는 수백억 원을 사용하고 있다.

III. 수령절대주의 우상화 지속

1. 김정은의 수령절대주의 우상화 세습

김정은은 김일성을 '창조자'(국가 창건자, 주체사상 창시자), 김정일을 '구원자'(김일성의 유훈을 성취하는 존재)로 제시하고, 자신은 북한 주민을 보호하고 세우는 보혜사로 형상화하고 있다. 김정은은 '유일사상체계 확립의 10대 원칙'을 '당의 유일적 령도체계 확립의 10대 원칙'으로 수정하면서 백두혈통의 수령 세습을 첨가했다.

> 10조 2항 1조. '우리 당과 혁명의 명맥을 백두의 혈통으로 영원히 이어나가며… 그 순결성을 철저히 고수하여야 한다.', 2조. '금수산 태양궁전(김일성·김정일의 시신 보관 장소)을 성지로 꾸리고 결사 보위한다.'3조. '백두산 위인들의 초상화·동상·영상 등은 정중히 모시고 철저히 보위한다.'

또한 김정은은 수령의 권위로 주체사상을 '인민 대중 제일주의'라고 해석하고, 인민 대중을 사랑하는 지도자상을 만들어 내면서 수령 우상화를 지속하고 있다. 특히 수령은 '인민과 동떨어져 있는 존재가 아니라 인민과 생사고락을 같이하며, 인민의 행복을 위하여 헌신하는 인민의 영도자이고, 인간을 열렬히 사랑하는 위대한 인간이며, 숭고한 뜻과 정으로 인민들을 이끄는 위대한 동지'로 자기 이미지를 구축하고 있다.

김여정은 오빠 김정은을 민족의 '최고 존엄'으로 높이면서 "수령 옹위는 인민의 사상 정신적 특질의 근본 핵이므로 청춘도 생명도 수령의 안녕과 존엄을 지키기 위해서 필요한 것"이라고 말했다. 선전선동부에서는 김일성, 김정일 총서작업을 하면서 김정은의 총서 '불멸의 여정' 중 첫 장편소설 '부흥'(4·15문학창작단)을 2020년 출간했다. 총서는 북한에서 기독교의 경전과 같은 권위를 갖는 책이다.

또한 김정은은 백두산을 수령 우상의 성지로 만들면서 자신이 백두혈통임을 부각시키기 위해 수시로 백마를 타고 백두산에 오르고 있다. '백두산은 수령의 산이며, 주체의 혁명 위업이 탄생한 혁명의 성지이고, 백두산을 순례하는 것은 수령의 품, 혁명의 품에 안기는 것'으로 북한 주민들이 인식하도록 만들고 있다.

2. 노동당의 수령절대주의 지지

수령절대주의, 수령 우상화를 추동하는 기구는 노동당이며,

수령을 보위하는 기구는 북한의 군부(軍部)다. 노동당은 수령체제 내에서 수령의 영도를 받아 인민대중에 대한 지도적 역할을 수행하는 조직이다. 노동당은 정부의 모든 권력을 독식하고 있으며, 그 권력의 정점에 수령이 있다.

북한 정부는 국무위원회와 군 체제(인민무력성, 국가보위성, 사회안전성)와 내각, 최고인민회의, 중앙검찰소와 중앙재판소로 구성되어 있다. 얼핏 보면 권력이 분산되어 있는 것 같은 구조이지만 행정부, 입법부, 사법부는 독립적인 기관이 아니다. 최고인민회의는 입법권을 행사할 수 있는 최고 기관이지만 실제로는 노동당이 결정한 사안을 추인하는 역할만 수행한다. 내각은 3개 위원회, 31개 성 등 39개의 부서로 구성되어 각 조직의 책임자는 책임과 역할만 수행하며 인사권과 재정 자율권은 노동당이 갖고 있다. 검찰소의 역할은 사법정책을 집행하는 것이지만 노동당에 예속되어 있고, 재판소는 중앙재판소와 도재판소, 인민재판소, 군사재판소, 철도재판소가 있는데, 모두 당의 통제 속에서 재판을 결정한다. 행정부, 입법부, 사법부 3권이 모두 노동당에 예속되어 있고, 노동당 이외의 당은 우당(友黨)으로만 존재한다.

노동당에서 당중앙위원회는 당의 최고지도기관으로 당사업을 주관하며 당대회에서 선출된 위원 124명과 후보위원으로 구성된다. 정치국의 상무위원회는 당위원회 전원회의가 열리지 않을 때 권한을 위임받아 일을 처리하고, 비서국(정무국)은 당대회와 당대회 사이 모든 당사업을 조직, 지도하는 실질적인 집행기관이다. 전국에 도·시 및 군 당위원회, 초급 당위원회, 분초급 당위원회, 부문 당위원회, 당세포(5~20명)가 조직되어 있다.

현재 북한 인구의 25%가량 되는 650만 명이 노동당원으로 활동하고 있다. 황장엽은 "북한의 노동당원 중 250만 명에 달하는 충성분자들은 남한에 의해 흡수통일이 되어도 지하에서 사상혁명 투쟁을 이어나가며 사회통합을 저해할 것"이라고 말했다.

3. 북한군의 수령절대주의 수령 우상화 옹위

노동당규약과 헌법에 의하면 북한군은 수령의 군대, 당의 군대, 혁명의 군대이다. 군의 기본적 의무는 수령을 결사옹위하는 것이며, 군은 당 및 수령의 정치 목적을 실현하기 위한 무력 수단이다. 북한은 지역자립 시스템과 4대 군사노선(전군 간부화, 전군 현대화, 전민 무장화, 전국 요새화)에 따라 전역에서 게릴라전을 치를 수 있도록 전쟁을 대비해 놓았다. 정규군 119만, 교도대 60만, 노동적위군 570만, 붉은청년근위대 100만, 보위사령부, 인민보안부, 속도전 청년돌격대 준군사 40만 등 총 889만의 병력을 확보해 놓았다.

북한군 총참모국에는 정규, 기계화, 91수도, 11군단, 기갑, 기보, 포병, 해군, 항공, 전략군이 있고, 총참모부 별도 조직으로 사이버부대, 요인암살 작전 전담의 특수작전대 20여만 명이 있다. 비대칭전략군으로는 전략로케트사령부, 9개 미사일 여단이 있다. 북한군은 6차 핵실험 이후 핵무기와 탄도미사일을 지속 개발하면서 수령절대주의 체제를 옹위하고 있다.

4. 수령절대주의 우상화의 결과

북한 사회의 빈부 격차는 남한보다 훨씬 심각하다. 평양과 지방은 현저하게 차이가 난다. 평양시 주민은 상류층 20%, 중류층 50%, 하류층 30%다. 월수입은 상류층이 1,000달러 이상, 중류층은 100~1,000달러, 하류층은 100달러이다. 반면에 지방은 상류층 5%, 중류층 25%, 하류층 70%로 구성된다. 월수입은 상류층 500달러 이상, 중류층 50~500달러, 하류층은 50달러 미만이다. 하류층은 농민, 노동자가 대부분이다.

평양의 대돈주(신흥 자본가)는 1,000만 달러 이상의 재산을 축적한 자로 100명가량 있다. 이들은 '100인 클럽'이라는 카르텔을 형성하고 있는데, 수령 친척들이나 중앙당 산하 무역회사 간부들이 그 구성원들이다.

돈주는 종합시장을 통해 자금을 축적한 사람으로 평균 100만 달러의 재산을 보유하고 있다. 돈주는 1,000명가량이며, 중앙당 부장, 인민무력부장, 보위부장, 보안원국장, 중앙당 산하 무역회사 간부들로 이루어져 있다.

중돈주는 10만 달러를 소유한 자본가로 10만 명 정도 된다. 이들은 개인 식당, 개인 상점, 개인 사우나, 수영장 등을 소유하고 있으며, 법관(보위부, 보안원, 검찰소)과 군관들의 중간간부들이다.

소돈주는 월 소득 1,000달러 이상인 사람들로 약 30만 명 정도다. 주로 중류층의 대규모 도매상인들과 가내수공업자들이다. 북한의 돈주들은 사금융뿐만 아니라 실물경제의 투자활동을 통해서도 적극적으로 부를 축적했다. 초기에는 주로 지방운수업(버스, 택시), 도소매업, 국영상점 등에 투자했는데, 최근에는 건설업, 채굴업, 제조업 분야 등 공식 경제 부문에까지 투자 행위가 확대되고 있다.

김정은은 시장경제를 통제하고 수령절대주의 체제를 지속하기 위해 돈주들을 활용하고 있다. 각종 허가권을 쥐고 장사꾼들의 뒤를 봐주며 이득을 챙기던 고위층 돈주들을 빈번히 인사이동 시키는가 하면, 돈주들로 하여금 경쟁적으로 충성자금을 내도록 강요하고 있다.

북한체제는 주체사상의 수령절대주의 이데올로기에 따라 수령을 우상화하며 신권통치를 하는 수령 사이비 종교국가다. 북한 전역에서 수령을 우상으로 만들어 놓고 수령절대주의로 인민들을 속박하고 있다. '동방의 예루살렘'이라고 불리던 평양은 이제 우상의 성지가 되었고, 성도들에겐 순교자의 삶을 살아야 하는 박해의 땅이 되었다.

"이스라엘이 이미 선을 버렸으니 원수가 그를 따를 것이라 그들이 왕들을 세웠으나 내게서 난 것이 아니며 그들이 지도자들을 세웠으나 내가 모르는 바이며 그들이 또 그 은, 금으로 자기를 위하여 우상을 만들었나니 결국은 파괴되고 말리라"(호세아 8:3~4)

"여호와께서 이와 같이 말씀하시니라 무릇 사람을 믿으며 육신으로 그의 힘을 삼고 마음이 여호와에게서 떠난 그 사람은 저주를 받을 것이라"
(예레미야 17:5)

"너희는 너희 아비 마귀에게서 났으니 너희 아비의 욕심대로 너희도 행하고자 하느니라 그는 처음부터 살인한 자요 진리가 그 속에 없으므로 진리에 서지 못하고 거짓을 말할 때마다 제 것으로 말하나니 이는 그가 거짓말

쟁이요 거짓의 아비가 되었음이라"(요 8:44)

북한선교는 이 거짓과의 영적 싸움이다. 북한선교는 복음으로 한반도를 다시 회복하는 일이다.

북한 사람들이 생각하는

가장 강력한 무기는 핵무기가 아니라

수령절대주의 주체사상이다.

수령 우상화 이론을 허무는 길은

오직 하나님의 능력밖에 없다.

우리들의 무기는 육신에 속한 것이 아니라 오직

어떤 견고한 진도 무너뜨리는

하나님의 능력이다.(고후 10:4)

이 말씀대로 반드시 이뤄질 것이다.

주체사상의 이해와 북한선교

03

제 3 강

주체사상의 이해와 북한선교

'3층 서기실의 암호'의 저자 태영호 의원은 주체사상에 대한 북한 주민들의 민심이 이반되고 있다고 말한다.

> "북한 사회를 지탱해주던 주체사상과 공산주의 이념은 이미 북한 주민의 마음에서 떠난 지 오래다. 지금도 북한의 수령에게 모든 것을 의지하고 운명도 미래도 맡기면 된다고 선전하지만 북한 주민은 자신의 힘과 머리만을 믿고 있다."

양식이 없어 생존의 위기에 처한 북한 주민들에게 주체사상과 공산주의 이념은 더 이상 관심의 대상이 아닐 수 있다. 하지만 태 의원의 글에도 표현되었듯이 지속적으로 의식화된 인본주의 주체철학은 북한 주민들에게 어떤 형태로든 남아 있다. 주체사상의 핵심철학은 '자기 운명의 주인은 자기 자신이고 자기 운명을 추동(개척)하는 힘도 자기 자신에게서 나온다'이다. 강요된 김정일의 수령절대주의 주체사상은 북한 주민들을 식상하게 하고 매너리즘에 빠뜨렸을 수도 있다. 그럼에도 불구하고 북한의 주체철학적 사고는 여전히 북한 주민들 안에서 작동되고 있다.

I. 주체사상의 현주소

1. 주체사상의 정체성

캐나다의 브리티시컬럼비아대학교 아시아학부 한국문화학 교수인 도널드 베이커는 "북한의 '주체(Juche)'는 국가 통일을 위한 이데올로기적 도구"라고 말했다. 이는 주체사상이 북한 내부의 통합을 위한 도구로서 작동하는 것과 동시에 한반도 통일의 도구라는 뜻이다. 김일성대학교의 초빙교수였던 알버트 브루노니는 "김일성이라는 북한의 정체성은 적어도 한 세대 내에서는 남한의 어떤 가치로도 대체될 수 없을 것"이라고 말했다. 북한 사람이 생각하는 가장 강력한 무기는 핵무기가 아니라 수령절대주의 주체사상이다.

실제 북한에서 세뇌되는 주체사상은 주체철학이 말하는 주체사상이 아니라 김정일에 의해 변형된 수령절대주의 주체사상이다. 김정일은 수령절대주의 사상을 만들어 북한 주민들이 수령에게 절대적으로 복종하도록 강요하고, 이 체제에 항거하지 못하도록 시스템을 구축했다. 이러한 수령절대주의 시스템은 일반적인 정치 시스템이라기보다는 종교 시스템에서 볼 수 있는 것이다.

2. 주체사상 시스템과 체제 내 기독교

수령절대주의 시스템을 구축하게 된 배경에는 수령절대주의 체제 형성을 도운 종교인들이 있다. 북한의 유일당인 조선로동당을 지지하는 우당에는 청우당(천도교)과 조선사회민주당(기독교)이 있다. 북한의 수령독재체제는 기독교의 교회 시스템과 너무도 비슷하다.

조선기독교도연맹의 수장이자 김일성의 초등학교 5학년 담임 선생이었던 강양욱은 1983년 사망할 때까지 10년간 북한의 국가 부주석을 지낸 목사였다. 그 외에도 1968년 북한의 공화국 창건 20주년에 국가 훈장과 공로 메달을 받은 명단에 한동규 목사(감리교), 이영태(용천구 백마교회), 이순남(여전도사) 등이 있는 것을 보면, 당시 강양욱 목사가 설립한 조선기독교도연맹에 속했던 다수의 목사들이 김일성의 주체 통치를 지지하고 수령 절대주의 체제를 세우는 데 영향을 끼친 것으로 보인다.

3. 통치 이데올로기로서의 주체사상

신적 권위로 작동되는 김일성, 김정일, 김정은 수령의 역할을 보면 성부, 성자, 성령의 역할과 거의 유사한 것임을 알 수 있다. 2012년 '노동당 당규'서문(노동신문 4.12)에서 김정은은 "위대한 수령 김일성 동지는 영생불멸의 주체사상을 창시하시고, 위대한 령도자 김정일 동지는 주체사상을 자주시대의 위대한 지도사상으로 심화 발전시키고, 조선로동당은 주체사상 교양을 강화하였다"고 했다. 김정은은 주체사상의 창조자는 김일성이고, 심화 발전시킨 인물은 김정일이며, 이제 자신은 주체사상을 강화시킬 자임을 말하고 있는 것이다.

주체사상은 협의적 의미의 주체 이데올로기로서의 기능보다 광의적 의미의 주체 통치 이데올로기로서 계속 강화되고 있다. 2014년 4월 24일자 '노동신문'에 "김일성-김정일주의는 주체사상을 진수로 하는 혁명사상이며, 인민대중 중심의 혁명이론과 영도 방법을 포괄하고 그 사상 리론들이 하나로 전일적인 체계를 이루고 있는 혁명사상이다"라고 광의적 의미의 주체사상을 정의하고 있다.

북한의 통치 이데올로기로서의 주체사상은 김정은 시대에 오히려 더 강화되고 있다. 2020년 '반동문화사상배격법'과 2021년 '청년교양보장법'을 통해 다음 세대들 대상의 주체사상 교양을 법제화시켜 강화하고 있다. 북한 주민들에게 주체사상은 자기 활동의 지도 지침이다. 북한 헌법 3조는 다음과 같이 적시하고 있다. "조선민주주의인민공화국은 사람 중심의 세계관을 지녔으며 인민대중의 자주성을 실현하기 위한 혁명사상인 주체사상, 선군사상을 자기 활동의 지도적 지침으로 삼는다."

II. 주체사상 이해

1. 주체사상의 개념

주체사상의 협의적 개념은 철학적 원리와 사회역사 원리, 지도적 원칙을 말하며, 광의적 개념의 주체사상은 협의 개념으로서의 주체사상과 혁명이론 영도체계까지 포괄하는 개념을 말한다. 주체사상에 대한 정의는 '김일성 저작집' 제38권에 나온다.

"사람은 모든 것의 주인이며 모든 것을 결정한다. 혁명과 건설의 주인은 인민대중이며 혁명과 건설을 추동하는 힘도 인민대중에게 있는 것인 만큼 새 사회 건설에서는 마땅히 인민대중의 힘을 믿고 의거하여야 한다. 자주적인 새 사회를 하느님이 건설하여 줄 수는 없다. 사람들의 생활과 필요한 물질적 재부도 사람만이 창조할 수 있다."

주체사상은 인본주의 철학으로 사람이 모든 것의 주인이며, 자기 운명은 자기 자신이 결정한다는 철학적 원리를 유심론적 변증법으로 설명한 사상이다. 주체사상은 인간의 발전 역사가 계급투쟁에 의해 이루어졌다는 사회역사 원리와 자주적 입장에서 사상적 주체, 경제적 자립, 정치적 자주, 군사적 자위를 지도적 원칙으로 한 사상으로, 이는 하나님이 아닌 인간이 창조적 입장에서 모든 것을 창의적으로 해결해 나간다는 인본주의 사상이다.

2. 주체사상의 논리적 모순

주체사상은 여러 사상이 혼합되어 형성된 사상이다. 마르크스-레닌주의, 스탈린주의, 조선민족제일주의, 우리식 사회주의로 표현되는 민족주의, 가부장적 유교주의, 유기체적 전체주의,

유심론적 인간중심 철학이 수령독재통치의 과정에서 비논리적
으로 연합되어 있고, 서로 모순되며 난삽하게 연합되어 논리적
설득력이 없는 사상이다.

김일성이 받아들인 마르크스-레닌 철학의 세계관은 형이상학
을 거부하고 형이하학의 물질세계를 유물론적 변증법으로 바라
보는 세계관이다. 황장엽의 사람 중심의 인본주의 철학적 개념
인 유심론은 형이상학적 개념으로 형이하학의 유물론과는 모순
되는 관계다.

실제로 김일성은 철학적 배경에는 그리 관심이 없었고 잘 이
해하지 못했다. 1980년대 초 서울대 학생이었던 김영한은 북한
의 단파방송으로 황장엽의 주체사상을 듣고 남한에서 주사파
(주체사상파)를 일으켰다. 그 공로를 북한으로부터 인정받아 북
한에서 보낸 잠수함을 타고 세 번이나 김일성을 독대하기도 했
다. 이때 김영한은 주체사상에 대해 궁금한 점을 김일성에게 물
었는데, 전혀 대답하지 못하며 동문서답하는 것을 보고 회의를
품게 되었다고 한다. 그는 현재 주사파에서 나와 북한민주화운
동에 참여하고 있다.

북한의 주체사상은 각 수령의 통치 편의에 따라 무조건적 믿
음으로 수용하게 만든 사상이기에 논리적 모순은 그리 문제가
되지 않는다. 황장엽이 탈북하여 남한에 와서 그 같은 모순적 내

용을 폭로해도 오히려 그를 민족배신자로 매도하면서 상관하지 않고 있다.

3. 주체사상 형성의 역사

북한의 주체사상 형성과정을 건축에 비유하면 쉽게 이해할 수 있다. 일관성 없고 부실한 건축재로 엉성하게 지어놓은 사상 누각과 같은 것이 바로 주체사상이다.

	시 기	시기명	주 체 사 상	건축비유
제1기	1945~1954년	주체 예비기	마르크스-레닌, 스탈린 사상	기초공사
제2기	1955~1967년	주체 통치기	사상에서의 주체(1955) 경제에서의 자립(1956) 정치(내정)에서의 자주(1957) 정치(외교)에서의 자주(1966) 국방에서의 자위(1962)	버림공사
제3기	1968~1973년	주체 철학기	황장엽-주체철학(1968~1973) 주체문예이론(1973)	골조공사

제4기	1974~1985년	주체 성숙기	김정일의 수령절대주의-유일사상체계 확립의 10대 원칙(1974) 김일성주의(1974)	외장공사 (지붕공사)
제5기	1986~1996년	주체 확립기	사회정치적 생명체론(1986) 영생론 사회주의 대가정론 조선(우리)민족 제일주의(1986)	내장공사 (가스공사, 수도공사)
제6기	1997~2011년	주체 표현기	붉은기 사상(1997) 강성대국론(1998) 선군정치(1998) 주체문예이론-종자론(2001)	마무리공사 (마루,거실, 정원,담과 대문)
제7기	2012~현재	주체 해석기	김일성-김정일 주의(2012) 인민대중 제일주의(2013)	포장공사 (페인트칠)

Ⅲ. 김일성-김정일-김정은 수령의 주체사상

김일성은 소련의 스탈린 방식의 공산주의 국가를 북한에 창건하려 했다. 하지만 소련에서 스탈린의 통치가 니키타 흐루쇼프에 의해 마르크스-레닌주의의 순수 이데올로기에 어긋난다고 비판당하며 수령독재에서 당독재론으로 대치되자, 스탈린식 수령독재를 계속하기 위해 '마르크스-레닌주의를 조선의 구체적인 현실에 맞게 창조적으로 적용한다'는 명분하에 마르크스-엥

겔스 라인의 민족주의 입장에 서서 주체사상을 순수 이데올로
기로 제안했다.

1. 김일성의 주체 통치-주체사상

김일성은 북한식 사회주의로서의 주체사상을 정당화하기 위
해 중국이 선택한 마르크스-엥겔스의 노선과 맥을 같이하되, 유
고슬라비아처럼 독자적인 민족주의 공산주의를 선택했다. 단 유
고슬라비아 공산당과 달랐던 것은 소련을 중심으로 한 공산주
의 연합인 코민포름에서 제명당하지 않기 위해 마르크스-레닌
의 사상 안에서 주체 통치의 길을 선택한 것이다.

북한 내부적으로는 6·25·전쟁 이후 노동당 내 수령독재 통치
가 위기상황에 몰리자, '사상에서의 주체'(1955년)를 주장하면
서 박헌영을 중심으로 한 남로당파를 제거했다. 또한 8월 종파
(숙청)사건 이후 '경제에서의 자립'(1956년)과 '정치에서의 자
주'(1957년)를 주장하면서 개인숭배를 반대한 연안파와 소련파
를 숙청했다.

1962년에는 '국방에서의 자위'를 주장하면서 남한의 군부정
권(5.16 혁명)에 대한 대항과 중소분쟁 심화, 미소 공동 모색에
대한 위협을 돌파해 나갔다. 아울러 '외교에서의 자주'(1966년)

를 주장하여 중소분쟁 확대와 비동맹운동 발전에 동승했다. 김일성은 1955년 이후 사상에서의 주체, 경제에서의 자립, 정치외교에서의 자주, 국방에서의 자위를 주체사상의 지도적 원칙으로 제시하면서 주체 통치를 시작했다.

주체 통치 기간 김일성의 종교관

이 시기 김일성의 종교관은 마르크스-레닌의 것을 그대로 따르고 있다. 종교 원인론을 지배계급의 도구로 보았고, 종교와 미신을 동일시했고, 종교를 인간의 진보와 자유에 대한 가장 심각한 장애물로 여겼다. 또한 사회주의 혁명이 이루어지면 모든 종교는 소멸할 것이라는 입장으로 기독교를 박해했다.

> "종교는 일종의 미신입니다. 예수를 믿든지, 불교를 믿든지 그것은 본질상 다 미신을 믿는 것입니다. 종교는 역사적으로 지배계급의 수중에 장악되어 인민들을 기만하고 착취하고 압박하는 도구로 이용되었습니다. 또 근대에 들어와서는 제국주의자들이 후진국 인민들을 침략하는 사상적 도구로 이용되었습니다."

1962년 김일성이 사회안전성에 지시한 교시는 다음과 같다.

"그러므로 우리는 기독교 천주교에서 집사 이상의 간부들을 모두 재판해 처단해 버렸고, 그 밖의 일부 종교인들 중에서 악질들을 제거했습니다. 그리고 일반 종교인들은 본인이 개심하면 일을 시키고 개심하지 않으면 수용소에 가두었습니다. 그래서 우리는 그 일당을 1958년에 모조리 잡아들여 처단해 버렸습니다."

주체 통치를 주체사상으로 정립

1967년 5·25 교시 기간, 황장엽은 김일성으로부터 주체사상을 이론적으로 체계화해 오라는 지시를 받게 된다. 이때 그는 두 명의 제자와 함께 수령의 별장인 황해남도 달천휴게소와 평북 연풍휴게소에 들어가 3년 6개월에 걸쳐 그 철학적 체계를 확립하게 된다. 김일성은 마르크스-레닌주의의 실천 이데올로기가 아니라 이를 뛰어넘는 순수 이데올로기로서의 주체사상을 정립해 올 것을 요구했고, 이에 부응하는 주체철학을 연구한 것이다.

황장엽이 연구한 주체철학

황장엽은 인류 역사는 계급투쟁의 역사가 아니라 인간의 발전 역사라는 측면에서 주체철학을 정립하고 이를 '인간중심철학'이라고 명명했다. 황장엽은 유물론적 변증법의 한계를 인식하고 유심론적 변증법으로서의 주체사상을 제시하였는데, 그 계기는 1967년 8월 대홍수 기간에 급류에 빠진 모녀의 행동이었다고 한다.

그때 그는 '다리 난간에서 이들을 구출하려고 손을 내미는 사람들에게 자신의 아기를 던지고 다리 밑에 빨려 들어가 죽는 엄마는 이 아이와 무슨 계약을 맺은 것인가? 모성애의 마음을 소유한 인간은 누구인가?'라는 질문을 했다. 그 순간, 모든 물질적 관계를 계약적 관계로 보고 유물론적 변증법을 주장한 마르크스의 이론은 인간을 설명하는 데 한계가 있다고 본 것이다. 황장엽은 인간은 계약적 조건이 아니라 무조건적 사랑의 마음에 의해 행동하는 주체적 존재임을 유심론적 변증법으로 체계화하여 A4 용지 100페이지에 달하는 연구 보고서를 김일성에게 바쳤다.

김일성은 황장엽의 주체철학에 의한 주체사상을 1970년 노동당 제5차 대회에서 마르크스-레닌주의와 동등한 위상의 공식이념으로 채택하고, 1972년 9월 일본의 마이니치신문에 발표함으로 북한이 주체사상 이데올로기에 의해 통치되는 나라임을 세상에 선언했다.

결국 주체철학은 인본주의 낙관론이라고 할 수 있다. 이는 계급이기주의를 부인하고 인간 중심의 역사관을 체계화한 철학으로 인간을 진화의 정점이며 세계 변화와 변혁을 주도하는 존재로 보는 사상이다. 황장엽은 인간을 자주성, 창조성, 의식성과 사회적 협조성을 가진 유심적 존재로 보고 주체철학을 정립했다. 그는 어머니의 다함이 없는 사랑을 통해 발견한 사람 이해에 대한 성찰을 시로 쓰면서 사람의 가치를 최고의 창조적 존재로 평가하게 된다.

영원한 봄

사람! 그대는 만능의 힘을 지닌 우주의 주인

오직 그대만이 머나먼 고난의 행군 이겨내고

자기 운명을 자기 손에 틀어쥐었고

오직 그대만이 쓸쓸하던 이 세계에 기쁨과 희망을 주고

값없던 세계에 영원한 생명을 주었거늘

그대가 못해낼 일 있으랴

이렇게 사람의 존재를 새롭게 평가했는데, 김정일은 이런 주체철학을 수령절대주의의 수령숭배 사상으로 바꿨다. 황장엽의 시 '영원한 봄'에서 '사람'이라는 자리에 '수령'을 넣으면 수령절대주의가 되고, 그 자리에 예수님을 넣으면 기독교적 입장이 된다.

주체철학적 관점에서 종교관은 마르크스의 종교 무용론보다는 종교 활용론의 측면이 강하다. 인간의 창조성과 자주성, 의식성의 진보에 도움을 주는 종교를 배척만 할 것이 아니라 활용하자는 것이다. 이러한 관점에서 허락되고 세워진 종교가 북한의 체제 내 종교이다. 그래서 김일성은 그렇게 반대하며 박해하던 기독교에 대해 유연한 대응을 하기 시작했다. 70년대에 평양신학교를 재건하고 조선그리스도교연맹을 중심으로 외부 기독교와도 접촉을 갖기 시작한다. 그리고 1992년에는 헌법을 개정하여 종교에 대한 부정적인 언어들을 순화해놓았다. 특히 남미의 해방신학이나 민중신학과 같이 마르크스의 정신이 흐르는 기독교를 대화의 존재로 대하게 된다.

2. 김정일의 수령절대주의 신권통치 체제

김정일은 수령절대주의 주체사상을 북한 주민에게 보급하기 위해 1973년 '주체 문예론'을 발표한다. 이렇게 해서 모든 문화와 예술 활동을 통해 주체사상을 일상 속에서 몸으로 배우게 했다. 또한 주체사상을 강화하기 위해 헌법 위에 노동당 규약, 노동당 규약 위에 10대 원칙, 10대 원칙 위에 수령의 교시를 최고 상위 법적 개념으로 만들었다. 그리고 유일사상 10대 원칙에 따라 신격화, 신조화, 절대성, 무조건성이라는 수령의 절대적 권한을 확립시켰다.

김정일은 1982년 주체사상 논문을 발표하면서 수령만이 주체사상과 10대 원칙에 대한 해석권을 가진 유일한 존재가 되게 했다. 또한 1986년에는 '사회정치적 생명체론'과 '유기체론', '영생론'을 주체사상의 핵심으로 설명하면서 수령절대주의 체제를 북한체제에 확고하게 자리잡게 했다. 1987년에는 '혁명적 수령관'과 '사회주의 대가정론'을 제시하여 수령을 어버이로 섬기도록 집집마다 사진을 걸어 놓고 우상처럼 떠받들게 했다. 개인 가정의 상위 개념으로 사회주의 대가정을 우선순위에 두게 하여 개인 가정들을 파괴시키면서 수령독재에 의한 수령절대주의를 더욱 강화했다.

김정일은 수령을 5대 신화(독립, 승리, 낙원, 통일, 세습)의 주인공으로 만들어 만능의 힘을 지닌 신권통치의 주(主)가 되게 하고, 3만 8,000개의 동상을 세워 언제든 그 앞에 나와 절하며 섬기게 했다. 또한 영생탑을 세워 영원히 함께하는 수령을 기리게 했고, 사회·정치적 생명이 영생에 이르게 된다는 종교적 믿음을 갖게 했다. 거기다 수령을 뇌수로 하고 북한 주민을 지체로 부르는 유기체론을 말하여 북조선 사회를 수령 안에서 한 몸을 이루는 사회가 되게 했다. 수령이 인민을 완전히 통제하는 수령절대주의 신권체제를 확립해 놓은 것이다.

수령절대주의 체제 수호

김정일은 3대 정보기관인 국가안전보위부(현 국가보위성), 인민보안부, 정찰총국을 통해 처단과 숙청, 혁명화의 공포정치를 실시했다. 또한 남한이나 사회주의권에는 인간중심철학을 통해 남한의 주사파를 혁명거점으로 만들어 한반도를 적화통일하려는 기만 전략을 사용했다.

그리고 북한 주민의 완벽한 통제를 위해 '붉은 기 사상'(1997년), 군민 일치, 관병 일치, 군정 배합의 선군정치(1998년)를 실시했다. 이후 체제를 유지하기 위해 강성대국론(1998년)을 주장하면서 핵무력에 대한 야욕을 드러내기 시작했고, 수령을 절대화하기 위해 주체문예이론의 종자론(2001년)을 모든 분야에 적용해 나갔다.

북한의 당성과 기독교의 영성

북한에는 기독교의 영성과 같은 개념의 당성이 있다. 당성이 있는 자의 삶을 들여다보면 신앙 좋은 신자의 삶과 너무도 많이 닮았다. 당성이 좋은 당원은 새벽 참배(새벽기도)를 하고, 수령의 교시와 당의 지시를 살피면서 하루를 시작한다(큐티). 수요일에는 '수요 강연회'(수요기도회)에 참석하여 수령의 교시나 당의 지시를 학습하고, 토요일이면 김일성 김정일 혁명사상연구실(교회)에 나가 자아비판과 호생비판에 의한 생활총화(예배)를 한다.

이들은 자신이 받는 보수에서 당비로 2%를 새 돈으로 내고, 모든 소득기관에서는 수령통치자금으로 10%의 세금을 낸다. 수령의 말을 하나님 말씀처럼 대한다. 김일성의 말은 '교시'라고 하여 여호와의 말씀처럼 대하고, 김정일의 말은 '말씀'이라고 하여 예수님의 말씀처럼 대한다. 그리고 김정은의 말은 '지시'라고 구분하여 성령의 말씀처럼 대하게 하고 있다. 수령총서를 성경처럼 취급하고, 백두혈통은 아브라함과 다윗의 자손 예수의 세계가 열린 것처럼 인식하게 한다.

3. 김정은의 인민대중제일주의 주체사상

김정은 체제는 2012년 4월 11일 제4차 당 대표자 회의를 통해 김일성, 김정일주의의 유일지배이념화를 주장하면서 출범했다. 2012년 '노동당 당규' 서문은 김일성을 영생불멸의 주체사상을 창시한 자로, 김정일을 주체사상을 자주시대의 위대한 지도 사상으로 심화 발전시킨 자로 표현하고 있다. 김정은은 주체사상을 인민대중제일주의라고 주장하면서 마치 인민대중이 혁명의 주체인 것처럼 내세우고 수령의 비신화화를 주장하면서 오히려 주체사상 우상화를 김정일보다 더 교묘하게 진행하고 있다.

수령우상화 금수산태양궁전

금수산태양궁전은 연간 150만 명의 북한 주민이 참배하는 곳이다. 참배자들은 참배가 끝나면 경건과 거룩을 느낀다고 한다. 김정은은 2012년 2월에 금수산기념궁전을 금수산태양궁전(수령영생궁전)으로 명칭을 바꿨으며, 2013년 금수산태양궁전법을 채택하여 성지화했다.

2014년 4월 1일에는 최고인민회의 법령으로 조선민주주의인민공화국 금수산태양궁전법(총 5장 40조항)을 제정했다. 금수산태양궁전법 1장 1조에는 "주체의 최고성지인 금수산태양궁전을 전체 조선민족의 태양의 성지로 영원히 보존하고 길이 빛내이는데 이바지한다"고 명시해 놓았다. 3장 3조와 4조에는 "위대한 김일성 동지와 김정일 동지께서 생전의 모습으로 계시는 금수산태양궁전은 수령 영생의 대 기념비이며 전체 조선민족의 존엄의 상징이고 영원한 성지다"라고 명기되어 있다.

또한 김정은은 '유일사상 10대 원칙'을 '유일적 영도체계 확립의 10대 원칙'으로 개정하고, 개정된 원칙에 김씨 집안에서 영구히 수령을 세습하도록 백두혈통 계승 원칙을 추가해 놓았다.

북한의 주체사상의 내면화 문제

조지아대의 박한식 석좌교수는 북한 주민을 주체사상화 정도에 따라 충성분자(핵심 부류), 성실분자(약한 부류), 회의론자(중간 부류), 반대론자(불수용 부류)로 나누었다. 북한 주민의 주체사상화 정도는 차이가 날 수 있다. 하지만 북한선교와 선교통일의 과정에 가장 심각하게 위협이 될 존재는 충성분자들이다. 황장엽은 충성분자들을 "주체사상의 골수분자"라고 하면서 "어떤 경우에도 주체사상을 포기하지 않는 그룹인데 이들은 남한에 의해 흡수통일이 되어도 끝까지 지하조직을 만들어 다시 혁명을 일으키겠다고 나설 사람들로 250만 명가량 된다"고 했다.

수령절대주의 주체사상의 결국

　김일성 시대는 주체사상에 대한 절대적 믿음을 강조하며 수령의 혁명역사를 믿음의 역사로 표현했고, 김정일 시대는 선군통치를 실시하면서 수령을 따르면 반드시 지상낙원에 이를 것이라는 소망을 주며 인내할 것을 요구했다. 이제 김정은은 주체사상을 인민대중제일주의로 해석하고 인민을 향한 사랑을 강조하면서 북한 주민들에게 사랑의 수고를 요구하고 있다. 이 수령우상화 이론을 무너뜨리는 길은 오직 하나님의 능력밖에 없다. 이 말씀대로 반드시 이뤄질 것이다.

　　"우리의 싸우는 무기는 육신에 속한 것이 아니요 오직 어떤 견고한 진도 무너뜨리는 하나님의 능력이라 모든 이론을 무너뜨리며…"(고후 10:4)

북한선교를 위한 탈북민 이해

04

제 4 강

북한선교를 위한 탈북민 이해

북한에서 수백만 명이 아사하고 수십만 명이 탈북하여 조중 접경지대에서 구걸로 목숨을 연명하던 때다. 탈북한 북한 청소년(꽃제비)들을 길가에서 만났다. 차를 잠시 주차하고, 다섯 명의 청소년들을 버스 뒷자리에 태운 후 10분간 복음을 전했다. 몇 마디 인사를 한 후 "하나님은 너희를 사랑하신다"라며 복음을 전하기 시작했는데, 다음 말을 어떻게 이어야 할지 말문이 막혔다.

하나님이 사랑하시는 이 아이들은 지금 말도 통하지 않는 땅에서 구걸을 하고 있다. 내게 무엇을 얻을까 기대하며 금세 눈물이라도 쏟아낼 것 같은 간절한 눈망울로 쳐다보고 있다. 그 모습에 가슴이 미어지고 아픔이 밀려와 아무 말도 못하고 하염없이 눈물만 흘렸다. 그때의 모습을 떠올리며 쓴 시이다.

꽃제비

강을 건넌 아이들
아직 차가운 공기인데 덜름한 옷 걸쳐 입고
더펄더펄 머리칼 날리며
더펄이처럼 다가와 내민 손.

묻는 말에 뭐라 대답해야 할지 몰라
덩둘한 표정으로 바라보다
생각을 접고 데면데면 말하는 말투 저편에
스며 있는 절박한 배고픔.

고립무원(孤立無援)한 땅에서
두려워 애처로워진 눈망울이 데굴데굴
대궁밥 얻어먹으며 앙마른 뼈에
겨우 붙어 있는 푸석살

살기 위해서 걷고
살아야 하니까 건너고
살고 싶어서 뛰어드는

아이의 눈물 강, 탈북자의 핏물 강

강을 건너며
더치고 후더친 상처가 역력한데
목숨 걸고 걸음품을 아끼지 않던 아이
가슴에 늦마처럼 흐르는 눈물.

I. 북한 주민 이해의 통로

분단 이후 남한과 북한 주민들은 전혀 다른 사상과 문화, 정치
체제와 사회 환경 속에 살면서 소통이 어려울 정도로 이질화되
었다. 이질화된 북한 주민을 이해할 수 있는 작은 통로가 열렸
다. 이 땅에 온 3만 5,000여 명의 탈북민과의 만남이다. 관심만
가진다면 전국 어느 지역에서든지 탈북민을 직접 만날 수 있는
길이 열린 것이다. 또한 공중파 방송매체와 개인 유튜브 동영상
등을 통하면 언제나 간접 접촉은 가능하다. 탈북민은 북한 주민
을 이해하는 최상의 통로다.

1. 탈북민과의 만남

시사 교양 프로그램 KBS '남북의 창'이나 MBC '통일전망대'를 보면 북한 주민이나 북한 상황에 대한 설명, 혹은 체험을 말하는 탈북민을 볼 수 있다. TV조선의 '모란봉 클럽'이나 채널A의 '이만갑' 등을 시청하면 탈북민의 내면과 일상을 대면할 수 있다.

탈북민 유튜버들과는 인터넷 공간에서 언제든 만날 수 있다. 현재 탈북민 가운데 구독자 수가 수천 명 이상인 유튜버가 46~50명가량 된다. 극동방송, 특히 제주 극동방송이나 TWR 북방선교방송 또는 선교단체 모퉁이돌의 대북선교방송 등을 통해서도 탈북민들을 만날 수 있다. 대표적인 인터넷 신문 데일리NK를 통해 북한에 대한 정보와 탈북민들의 이야기를 들을 수 있다. 탈북민들이 직접 쓴 책이나 탈북민에 관한 책들을 통해 저자와의 만남을 가질 수 있다. 관심을 갖고 북한선교와 통일을 위한 세미나나 포럼에 참석하면 탈북민 사역자들도 직접 만날 수 있다.

북한선교나 단기 통일학교에 입학하여 배우거나, 정규 학위과정으로 숭실대 통일지도자학과, 신학대학교의 북한선교학과나 탈북민과의 동아리 모임 혹은 각 대학교 북한학과나 통일학과,

통일선교아카데미, 북한선교전략학교 등에 참여하면 거의 모든 과정에서 탈북민과 만날 수 있다. 우리 주변에서 우리와 일상의 삶을 공유하며 살아가고 있는 남한 내 탈북민 3만 5,000여 명을 직접 만나는 것은 쉽지 않지만 이들과의 만남을 주선하기 위해 매칭 프로그램을 실시하는 선교단체도 있다.

2. 탈북민 유튜버와의 만남

탈북민의 유튜브 진입장벽은 낮은 편이다. 북한에서의 삶이라는 기본적인 콘텐츠가 있기 때문에 유튜브 조회수 확보는 크게 어렵지 않다. 구독자 1,000명이 넘는 유튜버가 46~50명가량 된다. 구독자 10만 명이 넘는 유튜버도 10명 정도나 된다. 그 중 실버 버튼(구독자 10만이 넘은 유튜버)을 받은 정치시사 TV 유튜버는 7명으로 태영호, 강명도, 안찬일 등이 활동하고 있다. 또한 일상생활 TV 유튜버로는 이만갑, 모란봉클럽에 출연했던 탈북민, 작가 출신 탈북민 등이 활동하고 있다. 윤설미, 정유나, 량진희, 정성산, 쥬희-유미, 강은정, 나정, 강나라, 박유성, 미국놈, 장선비, 차금용 등이 왕성한 유튜버들이다.

탈북민이 유튜브를 하는 동기는 다양하다. 첫째는 경제적 소득을 바라기 때문이다. 국내 유명 유튜버 330명의 평균 월수입이 933만 원이나 된다고 한다. 둘째는 소통을 위해서다. 북한에서, 남한에 와서, 그리고 탈북과정에서 겪었던 일들을 이야기하는 통로로 유튜브를 사용하고 있다. 셋째는 만남이다. 탈북민들은 고독과 외로움을 극복하고 새로운 만남을 위한 통로로 유튜브를 이용한다. 넷째는 성장을 위해서다. 자아 성취, 자기 성장의 계기가 되기 때문이다. 다섯째는 사회 적응의 방편, 사회통합을 위한 대안이기 때문이다. 탈북민 유튜버가 내놓는 콘텐츠는 1960~70년대를 살아본 분들에게는 자신들의 삶과 비슷하다는 공감을 갖게 한다. 자신들의 경험과 대조하며 공감대를 형성하며 구독자가 되는 것이다. 젊은 층은 남한과는 다른 북한의 이야기에 대한 궁금증에, 경험해보지 못한 세계를 알기 위한 호기심으로 탈북민 유튜브를 구독하는 경우가 많다.

탈북민 유튜브의 내용은 탈북과정에 관한 이야기가 주를 이룬다. 그밖에도 북한 지인과의 연락을 통해 알게 된 최근 북한 정보, 남한에 적응하면서 겪는 남북한 문화와 생활 비교, 북한 체제와 정치지형 변화에 관한 내용들이다. 탈북민 유튜브의 문제점은 자신들의 기억에 대한 과장이나 축소로 왜곡된 정보가 유통될 수 있다는 것과, 관심 유발을 위한 지나친 경쟁으로 거짓 정보를 퍼뜨릴 수 있다는 것이다. 상위 10개 채널 중 7개의 탈북민 유튜브에서 잘못된 거짓 정보로 사회적 물의를 일으키는 문제가 일어났었다. 그러므로 유튜브를 통해 알게 된 정보로 북한이나 탈북민, 북한 주민에 대한 편견을 갖는 일은 조심해야 한다.

II. 북한 주민의 지역적 성격 이해

김정일은 책임 비서들에게 '지방주의'에 대해 항상 경계하라고 지시했다. 북한은 지역에 따른 지방주의와 계층에 따른 지방주의가 연계되어 있어 계층이 낮아질수록 지역적 특성이 더 강하게 나타나는 것을 볼 수 있다. 평양 이남 사람은 평양 이북 사람이 영악하고 성격이 강하며 다혈질이라고 말하고, 평양 이북 사람은 평양 이남 사람이 여리고 이중적이고 생활력이 약하며 이기적이라고 말한다. 북한에서 북쪽은 함경도와 양강도, 자강도이고, 남쪽은 평안도와 황해도, 강원도를 말한다.

1. 북한의 남쪽 지역

황해남북도의 황해도민들은 심성이 고운 반면, 생활력이 약하다는 지적을 받는다. 6·25 이후 남한으로 이주한 사람들이 많아 북한 내 성분이 열악한 편이다. 자신들의 속내를 잘 드러내지 않아 겉과 속이 다르다는 오해도 받는다. 북쪽 지역 사람들로부터는 이기적이고 소심하다는 평을 듣는다. 북한에서는 황해도 사람들을 석전경우(石田耕牛)라고 한다. 자갈밭을 가는 소와 같다는 뜻으로 부지런하고 인내심이 강한 성격을 일컫는 말이다.

평안남북도의 평안도민들은 실리와 실속을 잘 챙기는 반면, 근면성이 부족하다는 평을 받는다. 북쪽 지역 사람들은 평안도 사람들을 강인한 사람들로 취급한다. 이들은 맹호출림(猛虎出林)이라 불리는데, 용맹하고 담대하고 힘찬 기상의 소유자들로 사교성이 강하고 이해타산에 능하며 자긍심과 자부심이 강해 지방 사람들을 무시(멸시)하는 경향이 있다고 한다. 비교하자면, 북한의 남쪽 지역민들은 남한의 서울과 경기 북부지역 사람들과 유사한 경향이 있다.

2. 북한의 중부 지역

북한은 남한과 달리 동서로 길게 펼쳐져 있어 중부 지역이 자강도와 강원도가 된다. 북한의 강원도민들은 고지식하고 융통성이 적다는 평을 받는다. 국가의 정책이나 지시에 순종적이고 충성을 다하다 보니 고난의 행군 기간 가장 많은 사람들이 아사한 지역이다. 먹을 것이 없어 칡뿌리를 가장 많이 먹은 지역으로 알려져 있다. 이들을 암하고불(巖下古佛)이라 부르는데, 인내력이 강하고, 마음이 깨끗하고, 도덕 품성이 바른 성격을 표현하는 말이다.

자강도 지역민들은 강원도 사람들과 같은 평을 받는다. 접경지대에 살면서도 탈북자가 가장 적은 지역으로 체제에 순응을 잘하는 지역이다. 이곳 지하에는 군수품 공장이 밀집되어 있다. 김정일이 자신의 마음의 고향이라 언급할 만큼 북한에서 중요한 지역이다. 핵 저장고가 있는 곳으로 배급이 비교적 잘되어 탈북민의 수가 가장 적은 지역이다. 북한의 중부 지역민은 남한의 충청도와 강원도 지역민들과 유사한 경향이 있다.

3. 북한의 북쪽 지역

함경남북도의 함경도민들은 영악하고, 성격이 급하여 '덤배 북청'이라는 별명이 따라다닌다. 덤배는 덤벼든다는 뜻이고 북청은 함경북도 지역명인데, 덤배 북청이란 아기를 팽개치고 베개를 엎고 뛴다는 뜻으로 함경도 사람들의 급한 성격을 단적으로 설명하는 단어다. 말도 빠르고 억양이 강해서 거의 랩을 하는 수준이다. 자존심이 강하고 다혈질적이며 단결력과 의협심이 강해 말투가 투박하고 공격적이다. 평안도 사람들은 함경도 사투리를 못 알아듣기에 "함경도 사람들이 쏼라쏼라 한다"고 비하하기도 한다. 함경도 지역민을 이전투구(泥田鬪狗), 즉 진흙탕에서 싸우는 개로 표현하는데, 이는 강인하고 끈질긴 기질을 뜻하는 말이다.

양강도민들은 생활력이 강해 돌 위에 올려놔도 산다고 말한다. 백두산 정기를 이어받아 여자들의 기가 세다고도 한다. 북중무역과 장마당 경제에 뛰어든 여성들도 많다. 북중 접경 지역이어서 다른 지역보다 탈북이 용이하다. 남한에 들어온 북한 지역민들 가운데 함경도민과 양강도민이 가장 많다. 북한의 북쪽 지역민들은 남한의 경상도 지역과 전라도 지역민들과 유사한 경향이 있다.

Ⅲ. 사회주의형 인간과 주체형 인간

동독 정신과 의사이자 심리 분석가인 한스 요하힘 마츠는 사회주의 사람들의 성격을 이렇게 평가했다.

"사회주의 사람들은 자신의 행위에 대한 책임의식과 자신의 처지를 개선

하려는 도전정신을 전혀 키우지 않는, 권위주의적 천진난만한 성격을 지니고 있다."

2019년 한국을 방문한 루마니아 목회자들이 북한 주민에 대한 강의를 듣더니 사회주의 국가를 경험한 자신들의 의식구조와 거의 같다고 공감했다. 자신들이 북한선교에 적임자라며 적극성을 보이기도 했다. 그렇게 해서 루마니아의 침례교 연합 카이로스선교회와 한국의 통일전략아카데미가 MOU를 체결해 코리아리서치라는 북한선교 관련 부처를 만들어 북한선교에 참여하고 있다.

1. 사회주의형 인간 이해

사회주의형 인간은 다음과 같은 특징을 갖는다. 첫째, 전체의 이익과 질서에 종속된 소비에트형 인간형이다. 이는 공동주택(코뮤날카), 기숙사, 막사 같은 개인 공간이 없는 곳에서 생활하면서 형성된 특징이다. 둘째, 사회 공동체 중심의 인간형이다. 코뮤니스트가 된다는 것은 개인의 독립성을 완전히 포기하는 것이다. 셋째, 인본주의 인간형이다. 인간의 본질은 합리적 이성으로 완벽해질 수 있고 이것으로 세상을 변화시킬 수 있다는 생각으로 만들어 낸 사회주의적 인간으로 개조된 인간형이다. 넷째, 유물론적 인간형이다. 인간은 물질로 이루어져 있고(유물론), 끊임없이 변화 발전한다(변증법).

2. 주체형 인간 이해

주체사상에 의한 주체형 인간은 첫째, 사람을 물질세계 발전의 특출한 산물로, 세계를 변화시키는 주체적 존재로 본다. 가장 발전된 물질적 인간이 세계에서 주인의 지위를 차지하고 세계 발전에서 결정적 역할을 한다고 생각한다. 둘째, 의식적 존재로서의 인간은 물질의 양적 상승이 질적 전환의 계기가 되어 생겨난 것이라 믿는다. 셋째, 변증법적 유심론에 입각한 인간은 세계에 대하여 자주성, 창조성, 의식성을 가질 수 있다.

이 세 가지 본성은 자연세계를 이성적 인식을 통해 재배열하는 활동인 노동의 발현성이 인간에 내재된 상태일 때 성립되는 것으로, 노동을 통해서 구체적으로 발현된다. 그러므로 노동은 그 자체로 고도로 발달된 추상성을 지닌다. 인간은 자연의 맹목적인 힘의 작용을 조절, 통제하며 사회관계도 자신에게 유리한 생활조건을 보장하는 관계로 만들어 나가는 자주적인 존재다. 지도력이 없는 상태에서 개인주의적 자주성은 각자에 대한 무

분별한 투쟁 상태만 초래할 뿐이다. 노동계급의 혁명에 의해 형성되는 자주성이 수령의 지도 아래 성취되어 나타나는 자주적 인간이 되어야 한다.

또한 사람은 자기의 지향과 요구로부터 출발하여 목적을 세우고, 그 실현방도를 찾아낸 다음 실천행동을 의도적으로 벌여 나가는 존재이다. 그러므로 수령과 당의 지시와 목적과 실현방도에 따라 실천적 행동으로 충성하면 창조적 인간으로 살아갈 수 있다. 사람은 다른 생명 물질과는 달리 자연환경과 사회적 조건을 자기에게 유리하게 개조하고 낡은 것을 창조적으로 새것으로 만들어내는 존재이다.

동물은 말초적 본능에 기초하여 행동하는 경우가 압도적인 것에 비해 인간은 자신의 이해관계에 따라 의식적으로 행동한다. 진화론의 기본적인 입장에 따라 인간은 분자구조의 복잡성 증대와 자연선택에 따라 등장한 생물체이지만, 인간이 지닌 의식성까지 이러한 물질성에 기반한 기계주의로 해석하면 오히려 의식성을 규명하는 데 과학적이지 못하게 되고 반동 철학에 이용당하는 재료로 사용될 수 있다. 인간의 의식성도 수령의 영도와 통치에 의해 새롭게 형성되고 발현될 수 있다.

북한 사회에서 주체사상에 의해 형성된 주체형 인간은 철저하게 수령의 통치와 영도 하에 인본주의적 삶을 살아가는 인간형이다. 이러한 주체형 인간을 변화시킬 방법은 물과 성령으로 거듭나는 것이다. 창조주에 대한 믿음이 없이는 하나님의 형상으로 창조된 인간의 영적 실존을 알 수 없다. 인본주의자로 에스겔 골짜기의 마른 뼈 같은 존재로 살아가는 이들에게 말씀으로 생기를 불어넣어야 한다.

3. 탈북민의 행동양식

첫째, 전형적인 사회주의 인간형의 특징이 몸에 배어 있다. 탈북민은 '하나는 전체를 위하여, 전체는 하나를 위하여'라는 구호 속에서 사회주의 교육과 집단주의 의식을 통해 조직생활의 일상화와 인적 토대를 중시하는 북한식 계급 의식화가 이루어진 삶을 살았다. 그래서 집단을 위해 나 자신을 희생하는 것이 옳다는 의식구조가 형성되어 있다. 그 결과 체제순응적 인간으로 의리를 중시하며, 상대에게 부담이 되면 기피하거나 잠적해 버리는 행동을 한다. 사회주의 인간 개조에 의해 집단이나 소속 출신에 대한 동지애가 강화되어 있기 때문에, 개인주의를 이기주의로 오해한다. 또한 나를 위해 집단에 대항하는 것은 옳지 않다고 생각하고 집단에 대항하는 것을 불안하게 생각한다. 배급체제의 경쟁이 불필요한 사회에서 생활하다 보니 경쟁사회를 잘 이해하지 못할 뿐 아니라 감사와 책임의식 또한 약하다.

둘째, 이중적 도덕률을 갖고 있다. 미국의 한국 학자이며 아시아학의 지평을 넓혔다는 평가를 받는 브루스 커밍스는 북한에 대해 "유교적 근대국가로 충효사상과 남존여비의 가부장 사회, 정심수신(正心修身)을 강조하며 도덕적 수양만이 진정한 인간을 키울 수 있다고 보는 훈육주의적 도덕주의 사회"라고 말했다. 이런 북한의 모습을 잘 설명하는 내용이 있다.

> '온 사회의 고상한 도덕 기풍을 확립하는 것은 사회주의 강국 건설의 중요한 요구이다. 사회주의와 자본주의와의 대결은 힘의 대결인 동시에 사상의 대결이고 도덕과 윤리의 대결이며 사회주의의 승리는 사상과 신념의 승리이고 정신 도덕적 우월성의 승리이다.'(2019년 1월 11일 노동신문 사설)

이러한 사회 속에서 북한 주민들은 공적 생활의 도덕률과 사적 생활의 도덕 기준이 다른 이중적 도덕률을 갖게 된다.

셋째, 부정적 성향이 강하다. 이는 생존위기 속에 부득불 형성된 모습이다. 북한 주민은 선천적으로 고구려인의 북방계 기질로 호전적이며 용맹하며 강인한 기질을 타고 났지만, 후천적으로 호상비판 등 총화교육을 통해 부정적 성향이 강해졌다. 짜증과 거친 언성의 말다툼, 싸움, 폭언과 폭행을 거침없이 하며 비판적 의식이 강하다. 또한 생존경쟁 속에서 살아남기 위한 과정을 거치면서 의심이 많고 회의적이며 경계가 심하다. 피해의식이 있어 조심성이 많고 자신의 속내를 감추며 위기를 모면하기 위해 거짓말과 자기정당화에 익숙해 면종복배(面從腹背)도 일어난다. 눈치가 빨라 어디를 가든지 힘 있는 사람을 빠르게 파악하고 살아남기 위해 그들에게 잘 보이려는 경향이 있다.

Ⅳ. 탈북민의 남한 사회 통합

탈북민 중에 남한에 적응하지 못해 북한에 재입북하거나 제3국으로 망명하는 자들도 꽤 있으며 사회에 부적응하여 법적 제재를 받는 탈북민도 적지 않다. 탈북민 수감자 수가 2017년 이후 매년 늘어나는 추세다. 또한 탈북민 사망요인 중 자살비율도 매년 높아지고 있다. 자살충동 경험은 남한의 일반 국민 대비 2.56배 높은 것으로 나타나고 있다.

1. 소통을 위한 탈북민 이해

탈북민은 직설적으로 대놓고 말하는 대화법에 익숙하다. 남한에서 예의상 하는 말을 실제로 받아들여 그 말을 지키지 않을 때 비난하고 화를 내는 경우가 종종 있다. 정을 중하게 여겨 과도한 축의금을 내는 것을 당연시하며, 불편한 상황을 회피하기 위해 거짓말을 하거나 약속을 말없이 어기는 행동을 한다. 범죄인식 부족으로 범법(마약 등)을 저지른다. 일을 처리하는 방식도 적정 절차를 거치지 않고 힘으로 해결하려 하거나 사회시스템을 무시하고 우기는 경우가 있다. 또한 여성, 장애인, 노인 등에 대한 사회적 가치기준을 무시하는 행동도 한다.

탈북민은 남한의 외래어 낱말 사용을 어색해하고 불편하게 여긴다. 남한식의 우회적 감정 표현이나 간접적 언어 예절에 적응하는 데 시간이 걸린다. 남한 사회에 대한 위축감으로 모르는 것을 잘 물어보지 못하며, 경험이 없어 모르는 것을 드러내는 데 어려워한다. 북한 관련 뉴스에 대응하는 남한 사람의 막말에 상처를 입는 경우가 많고, 특히 탈북민을 간첩으로 의심하고 오해하는 이들에 어떻게 대응해야 할지 힘들어한다.

2. 탈북민의 남한 사회통합

탈북민의 남한 사회통합을 위한 적응 방식은 차별 배제 모델은 아니지만 동화주의(Melting pot)로 북한의 문화를 포기하고 남한의 사회와 문화, 가치, 제도를 무조건 수용하는 통합으로 가고 있는 상황이라 어려움이 있다. 탈북민과 남한 주민이 상호 문화와 생활 방식을 존중하면서 통합되는 다문화 사회(Salad bowl)에 의한 사회통합이 가장 바람직한데, 남한의 북한 사회 이해에 대한 부족으로 쉽지 않은 상황이다.

 탈북민의 정착을 지원하는 국가 기관은 하나원, 각 지역 이탈주민 지원센터, 자유누리센터가 있다. 탈북민의 보호 및 정착지원에 관한 법률은 군사분계선 이북 지역의 주민이 정치·경제·사회·문화 등 모든 생활 영역에서 신속히 적응·정착하는 데 필요한 보호 및 지원에 관한 사항을 규정할 목적으로 제정됐다. 법률의 적용 범위(제3조), 기본 원칙(제4조), 정착지원시설의 설치(제10조) 등 전문 34개 조와 부칙으로 구성되어 있다. 주요 내용은 다음과 같다. 통일부 장관은 보호 대상자에 대한 보호 및 정착지원을 위해 정착지원시설을 설치·운영한다(제10조). 보호대상자가 대한민국에 정착하는 데 필요한 기본교육을 실시해야 하고(제15조), 직업훈련을 희망하는 보호대상자 또는 보호대상자였던 사람에 대하여 대통령령으로 정하는 바에 따라 직업훈련을 실시할 수 있다(제16조). 통일부 장관은 보호대상자의 정착 여건 및 생계유지 능력 등을 고려해 정착금이나 그에 상응하는 가액의 물품을 지급할 수 있다(제21조).

3. 탈북민에 대한 편견

남한 사람들의 의식 속에 탈북민은 전문적 지식과 기술 등이 남한 주민에 비해 부족하며 이는 극복하기 어려울 것이라는 편견이 있다. 하지만 탈북민 가운데는 전문영역 속에서 탁월하게 일하는 리더들이 많다. 북한개발연구소는 2014년 창립해 2015년 기재부 소속 사단법인 승인을 받은 단체로 리더는 탈북민 1호 박사 김병옥이다. 그는 탈북민 박사 60명과 함께 북한의 시군 185곳을 연구하며 개발전략을 수립하고 185곳의 민주화 여건 조성을 연구하는 185프로젝트를 진행하고 있다.

하나님께서 보내신 탈북민의 영적 의미와 가치는 통일의 물댄 동산이라고 할 수 있다. 이들은 북한 사람들을 이해할 수 있도록 보내준 선생이고, 통일의 열망을 지속시키는 통일동력인이며, 북한선교의 동역자이고, 통일한반도의 북한 지도자이다.

4. 긴급하고 중요한 일

미국의 34대 대통령 아이젠하워는 우선순위 결정을 위한 행렬(Matrix)을 고안했다. 사역의 우선순위를 정하기 위해 첫째는 긴급하고 중요한 일(Do first), 둘째는 긴급하지 않지만 중요한 일(Schedule), 셋째는 중요하지 않지만 긴급한 일(Delegate), 넷째는 긴급하지도 않고 중요하지도 않은 일(Drop)로 나누었다. 이를 인용한 경영학자이자 리더십 권위자인 스티븐 코비는 "중요한 건 일정표에 적힌 우선순위가 아니라 당신 인생의 우선순위를 정하는 것이다"라고 했다.

북한선교는 지금 당장 실시해야 하는 중요한 일(Do first)이다. 때를 얻든지 못 얻든지 순종해야 할 종말론적 사명이고(딤후 4:1~2), 주님이 이 땅에 오신 목적에 동참하는 사역이며(사 61:1~2, 눅 4:18~19), 참 사역자가 오늘 걸어야 할 길이다.(겔 34:4~6)

북한 주민의 대다수는

종교나 기독교에 대해 알지 못한다.

북한에서 신자가 된다는 것은

곧 순교자가 된다는 의미와 같다.

수많은 북한 성도들이 순교했으며

현재 북한 내부에서 붙잡힌

4~6만의 기독교인들이

노동수용소에 수감되어 있다.

그럼에도 북한에는 지금 '새순 기독교인들'이

새롭게 나오는 등

지하 기독교 지형이 확장되고 있다.

그들을 위해 기도하자!

북한 기독교 지형변화와 북한선교

05

제 5 강

북한 기독교 지형변화와 북한선교

전략적 북한선교를 위해 먼저 파악해야 할 것은 북한의 기독교 현황이다. 북한체제 안에서 발생한 종교지형 변화의 상황 속에서 기독교는 어떤 형태로 현존하고 있으며, 어떤 요인에 의해 그 지형의 변화가 일어나고 있는지 파악하는 일이다.

I. 북한의 기독교 상황

북한에서 신자가 된다는 것은 곧 순교자가 된다는 의미와 같다. 영국의 인권 단체 '국제소수자 권리그룹'(MRG)은 북한에서 기독교 신앙을 이유로 강제수용소로 보내진 주민의 수가 약 4만 명에 이른다고 했다. 미국 연방정부 산하 국제종교자유위원회(USCIRF)에서는 북한을 '가장 박해가 심한 국가이며 박해의 주체가 국가인 나라'로 평가하고 있다. 국제기독교 선교단체인 오

픈도어는 매년 세계 기독교 박해 지수를 조사하는데, 늘 최상위
를 차지하는 나라가 북한이다.

1. 북한 기독교 스펙트럼

남한에서 북한의 종교나 기독교 상황을 연구한 이들 가운데
는 북한체제가 주장하는 것을 받아들여 북한에는 종교의 자유
가 있고 그 안에 허락된 관제 기독교를 정상적인 종교로 보는 내
재적 관점의 진보적 학자들이 있다.

또한, 북한의 기독교를 복음적 관점에서 보는 시각으로는 외
재적 관점에서 북한의 기독교를 바라본 반공주의적 관점과 수
정주의적 관점, 경험주의적 관점, 체제론적 관점 등이 있다. 각
관점에 따라 북한의 그루터기 지하교회와 관제 교회인 체재 내
교회, 고난의 행군 이후 북한에 형성된 지하교회인 새순교회를
보는 입장이 조금씩 다르다. 외재적 관점 중에 복음주의적 관점
에서 북한의 기독교를 연구한 학자들의 스펙트럼을 살펴보면
미세하지만 연구의 방법이나 입장에 따라 차이점이 있는 것을
발견할 수 있다.

구분	그루터기 기독교	관제 기독교 (국가공인교회)	새순 기독교
반공주의적 관점	핍박과 환란 중에 멸절	북한의 체제가 만든 어용 단체	탈북자에 의해 새롭게 생성
수정주의적 관점	핍박과 환란 중에 부재	새롭게 신생	새순 기독교의 존재를 확인할 수 없음
경험주의적 관점	기독교인 가족으로 분류되어 생존	기독교인 가족이 재모집되어 형성	상당수 비활동 기독교인 중 탈북자가 복음을 듣고 다시 들어가 세움
체제론적 관점	체제 저항자로 분류해 숙청돼 지하교인으로 생존. 확장 없이 고령화	주체사상으로 변화된 종교적 관점에 따라 체제 활용을 위해 세움	탈북자가 복음을 만난 후 수령우상화 체제에 저항하여 세움

2. 북한체제의 종교의 자유

김일성은 '세기와 더불어'제5권에서 "우리나라 헌법에 명기되어 있는 신앙의 자유에 대한 조항은 빈말 공부나 비누거품 같은 약속이 아니다. 우리는 예나 지금이나 신앙의 자유를 유린해본 적도 없고 종교 신자들을 탄압해 본 적도 없다"고 주장한다. 그러나 실생활에 있어서는 종교의 자유가 전혀 없다. 태영호는 그의 책 '3층 서기실의 암호'(2018년)에서 "북한의 헌법에는 종교의 자유가 보장되어 있지만 노동당규약과 10대원칙에는 수령만 믿어야 한다고 규정되어 있으므로 종교를 갖는 것은 당의 정책에 반대하는 행위가 되는 것이라 실제로는 종교의 자유가 없는 것"이라고 했다.

국제종교자유위원회에서는 2000년부터 연례보고서를 발표하고 있는데, 북한은 매번 종교자유탄압 특별우려국으로 지정되고 있다. 위원회의 보고서에는 이렇게 기록되어 있다. '북한에 종교의 자유가 존재하지 않으며, 정부가 종교적 활동을 조금이라도 허용한다면 그것은 외국인 방문객을 위해 하는 것이 틀림없다.'

3. 북한 주민들의 기독교에 대한 인식

북한 주민의 대다수는 종교나 기독교에 대해 알지 못한다. 북한의 선전일꾼, 보위부, 안전원들이 학습하는 비공개 도서 가운데 일명 '100부 도서'가 있다. 이 도서의 종교사회 제7편에는 "종교인들은 혁명의 동력이며, 이들과 단결 강화해야 하고 이들의 개별적 혹은 집단적 신앙생활을 보장해야 하며, 종교건물 및 시설들을 건설하거나 전도활동이 보장되어야 하고, 종교인들 가운데 최고인민회의 대의원과 지방주권기관 대의원으로 선출되어 활동하는 자들이 있음을 상식으로 알고 있어야 한다"고 되어 있다. 북한 안에서 전혀 종교적 활동이 없고 인민들이 종교에 대

해 무지하기 때문에 종교 상황에 대한 상식으로 이러한 내용을
교육하고 있는 것이다.

II. 북한의 종교지형 변화

북한의 공산주의 정권이 성립되는 과정에서 종교인들이 그
체제를 어떻게 해석하고 이에 대응하느냐에 따라 충돌이 일어
나 박해를 당해 쇠퇴하기도 하고, 반면 협력하여 더 확장되는 변
화과정이 있었다. 이 과정 속에서 현재의 기독교 지형이 형성되
었다.

1. 종교해석 변화기(1945~1949년)

북한의 김일성 정권은 1946년 3월 토지개혁을 실시하면서 모
든 토지를 국유화했다. 교회와 종교기관이 소유한 토지를 몰수
했고, 1946년 11월 3일 주일에 인민위원회 선거를 하면서 종교
기관들을 선거 장소로 사용할 것을 요구했다. 뿐만 아니라 사회
주의 이념 종교인 체제 내 종교를 양성하고, 공산주의에 대항하
는 기독교를 분열시키기 위해 강양욱 목사를 내세워 3분의 1의

북한 기독교인을 조선기독교연맹(조기련, 현재 조그련)에 소속시켜 김일성 정권을 지지하게 했다. 이때 김일성을 지지했던 천도교와 조기련 소속 기독교는 종교의 지위를 유지했지만 반대했던 비조기련 소속 기독교와 천주교, 불교는 어려움을 겪게 되었다.

2. 흑암 종교 정책기(1959~1972년)

1950년대 북한 형법 258조 '관리질서, 침해에 관한 죄'에는 "종교단체에서 행정적 행위를 한 자는 1년 이상의 노동 교화형에 처한다"고 되어 있고, 259조에는 "종교단체에 기부를 강요한 자는 2년 이하의 징역에 처한다"는 내용이 있다. 교회 활동을 못하도록 방해하는 법이 세워진 것이다.

6·25전쟁 이후에는 기독교를 적극적으로 박해하기 시작했다. 1958년에는 북한 주민의 성분을 조사해 사상 검열에 따라 공산주의 교육에 집중하면서 기독교를 매국적 종교로 몰아갔다. 기독교를 미국의 한반도 침략을 위한 사상적 앞잡이로 인식시키고 이를 타도하기 위해 기독교 비판 서적을 발간하고, 영화나 뮤지컬 등을 통해 이런 분위기를 조성해 갔다. 1968년 노동당 정치국에서 '풀어주는 사업'을 통해 체제 내 기독교 200여 가정예

배처소를 허용했지만 종교를 미신화시켜 그 이상 확장되지는 못하도록 만들었다.

3. 주체사상 영향기(1972~1987년)

황장엽이 주체사상의 철학적 기반을 만들고 난 이후 마르크스-레닌주의의 유물론적 종교관에서 유심론적 종교관으로의 전환이 일어난다. 이때 북한의 주체통치를 확장하기 위한 전략으로 북한 내에 신학교를 세우고 체제 내 종교를 통해 남한의 진보적 기독교와 접촉하기 시작한다. 1981년 오스트리아 빈에서 제1회 통일을 위한 북과 해외 동포 기독자 간의 대화가 있었는데, 이때 북한 조기련 서기장인 고기준은 사회주의와 기독교를 설명하면서 사람 중심의 주체사상과 인간 사랑의 기독교 이념은 일맥상통한다고 주장했다.

4. 체제 내 종교 허용기(1988~1997년)

남한에서 88올림픽이 개최될 때 북한은 봉수교회(1988년 신축, 2005년 증축)와 칠골교회(1989년) 등을 건축하고 체제 내 가정예배처소 513곳이 활동하고 있다고 발표했다. 북한에도 종교의 자유가 있고 종교인들이 자유롭게 종교 활동을 하고 있다고 선전하면서 남한의 종교인들뿐 아니라 해외 종교인들과의 만남도 적극적으로 추진했다.

5. 경제난 속 종교 확장기(1998~현재)

북한의 경제난인 고난의 행군이 시작된 1995년부터 수백만 명의 아사자가 나오자 살기 위해 중국으로 탈북하여 조중 접경 지대에서 기독교를 받아들인 사람들이 적지 않다. 이들 중 일부는 남한으로 오고, 일부는 북한에 들어가 전도하기 시작하면서 북한에 '새순 기독교인들'이 새롭게 세워졌다. 북한의 지하 기독교 지형이 확장되고 있는 것이다.

III. 기독교 지형 변화

해방 직후 북한 인구는 1,000만 명, 그중 기독교인은 30~40만 명이었다. 전쟁 이후 남하한 북한 주민 100만 명 가운데 20~30만 명이 기독교인이었다. 1950년대 중반까지 남한에는 2,000개 교회가 설립되었는데, 그 90%가 남하한 서북지역 탈북민 기독교인에 의해 세워졌다.

1. 해방 후 김일성 정권에 대한 기독교인의 대응

북한에 김일성 정권이 수립되었을 때, 강양욱 목사는 조선기
독교도연맹(1946. 11. 28)에 개신교인 8만 5,118명(당시 개신교
인의 3분의 1)을 참여시켜 김일성을 도왔다. 이 모임을 거부하는
조만식 장로는 연금되었고, 평북 신의주 기독교사회민주당의 윤
화영, 한경직 목사는 박해를 피해 탈북했고, 평북 정주 기독교자
유당의 김화식, 김광주, 황봉찬 목사 등은 투옥되었다.

김일성은 회고록에서 6·25전쟁 이후 교회가 재건되지 못한
이유를 이렇게 말하고 있다.

> "지금 인민대학습당이 자리하고 있는 평양의 남산재에는 큰 례배당이 두
> 개나 있었다. 그런데 하느님의 사도들이라고 자처하는 미국 사람들이 비
> 행기를 타고 와서 그 건물들을 다 파괴해버리었다. 부처를 모신 큰 절간과
> 암자들도 폭탄세례를 받았다. 십자가와 성상, 성경책들은 불타서 재가 되
> 거나 폐허 속에 파묻히었다. 교인 자신들도 시체가 되어 저승으로 떠나갔
> 다. 보는 바와 같이 미국 사람들이 례배당도 파괴하고 교인들도 죽이였다.
> 하느님은 그러한 만행을 제어하지 못하였다. 이런 리유로 해서 전쟁 기간

우리 인민들 속에서는 례배당을 찾아다니는 사람들이 적어지게 되었다."

김일성은 종교를 미신으로 여겼고, 기독교를 제국주의의 앞잡이이며 인민들을 기만하고 착취하고 압박하는 도구로 생각했던 것이다.

2. 북한의 기독교 압박(1945~1949년)

김일성은 토지개혁 법령(1946. 3. 5)을 제정하여 교회 재산을 몰수하고, 인민위원회 선거를 주일에 실시하고(1946. 11. 3), 주일은 노동일(1946. 11. 13)로 월요일은 휴일로 정해 주일예배를 방해했다. 미신타파 돌격 기간에는 교회도 미신으로 보고, 교회 설교를 트집 잡으며 설교를 방해했다. 또한 화폐개혁(1947. 12. 1)을 실시하여 교회헌금 보유를 금지하고 은행거래를 강요했으며, 헌금 인출시 사전승인을 받게 했다. 기증 및 금품 출납은 금지했고, 오후 6시 이후에는 통행금지령을 발하여 저녁예배를 드리지 못하게 방해했다. '중요산업 국유화 정책'(1948)으로 종교단체 운영 기업의 재산을 일체 몰수하고, 반체제적인 목사와 신자들을 연행하여(1949) 평안북도와 함경도 산악지대에 강제 이주시켰다.

3. 기독교 박해(1950~1972년)

1950년부터 김일성은 정책적으로 기독교를 박해하기 시작했다. 형법의 '관리질서 침해에 관한 죄'란 이름으로 50여 명의 신부와 60여 명의 기독교인을 총살했다. 황해도 신천 지역에서는 집단학살을 자행했으며, 성분조사(1958년)를 통해 사상검열을 강화했다. 종교인들은 적대계층으로 분류하여 사회 주류의 진입을 막았고, 종교인과 그 가족들을 반혁명적 요소로 규정하고 감시했다.

또한 반종교이론 저서들을 출간하고 보급했다. 1959년엔 '우리는 왜 종교를 반대하여야 하는가?'(정하철), '인민의 아편'(김희일), '종교는 인민의 아편이다'(로재선), '미제는 남조선에서 종교를 침략의 도구로 이용하고 있다', '생활의 미신'(백원규) 등의 저서가 출간되었다. 1963~65년에는 임훈의 '사회주의와 종교'(1963), '남조선에 대한 미제의 침략 도구로서의 종교'(1965) 등이 출간, 보급되었다.

김일성은 6·25전쟁으로 파괴된 교회를 건축하지 않았다. 강양욱 목사가 주도하던 조선기독교도연맹의 체제 내 기독교도 신앙 활동을 중지했고, 예배당 없이 가정교회 형태로 연명했다.

1967년 5월 25일 김일성은 북한에 있는 모든 종교 서적을 불태우든지 북한 정부 도서실로 기증하라고 지시했지만 지하교회 성도들은 성경을 감추어 두고 종교 활동을 이어갔다. 개성에서 평남 온천군 은하리로의 강제이동 명령에 따라 1968년 6월 6일 이사하던 날, 공산당원과 보위부 사람들이 박 목사의 집에서 성경을 발견했다. 그와 함께 신앙 생활하던 성도 120여 명을 투옥했다. 이들은 모두 함경남도 북쪽으로 추방되었고 박 목사는 사형을 당했다. 1974년 김태용 목사와 36명의 지하교인도 발각되어 성경을 모두 몰수당하고 순교했다.

4. 황장엽의 주체사상 영향기(1972~1987년)

황장엽이 미국의 시튼홀대학교 명예총장 머피 교수와 만나 주체사상에 대해 대화를 나누었다. 머피 교수는 "황장엽이 말하는 주체사상을 지침으로 삼아 모든 종교를 하나로 통일시켰으면 좋겠다"고 대답했다고 한다. 이후 황장엽은 마르크스적 종교관을 극복하고 새로운 종교적 관점을 모색, 모든 종교의 특색을 살리면서도 각 종교가 내세보다는 현세에서 인간을 사랑하고 인간의 운명을 개척하는 데 이바지하는 방향으로 협력하도록 해야겠다는 생각을 하게 되었다. 이 방향을 김일성에게 보고한 이후 북한에서 체제 내 종교가 형성되어 자리잡게 되었다.

1973년, 김일성은 기독교가 민중의 해방을 위한 자원을 갖고 있음을 공식적으로 인정했다(조선중앙연감). 앞서 1972년엔 개정된 헌법에 주석제도를 신설하고, 강양욱 목사를 국가 부주석으로 선출했다. 강 목사는 1983년 1월 80세의 나이로 사망할 때까지 김일성에게 충성을 다했다. 강양욱은 북한에 체제 내 기독교를 형성하기 위해 노동당의 우당인 조선사회민주당을 세웠고, 1959년에 중지되었던 조선기독교도연맹을 1972년 재생시켰다.

이후 기독교인 해외교포들을 초청했는데, 1977년부터 10년 동안 3,000여 명의 재미교포들이 방북했다. 이후 북한은 평양신학교를 재개하여 목회자를 양성하기 시작했다. 1983년 10월 5일엔 신약성경과 찬송가를, 1984년 구약성서를, 1990년엔 공동번역을 평양말로 수정 번역한 신구약 합본 성경과 찬송가 1만 권을 발간했다.

5. 김일성의 종교에 대한 새로운 해석(1988~1997년)

이 시기 북한은 체제 내 교회로 1988년 봉수교회, 1992년 칠골교회를 건축했다. 또한 북한 내에 500여 개의 가정교회가 있으며, 총 1만 3,000여 명의 기독교인이 존재한다고 발표하기 시작했다. 김일성종합대학은 1989년 종교학과를 개설해 20명의 학생을 선발, 학습시켜 1994년에 첫 졸업생을 배출했다. 도서관엔 종교서적 2,500권을 비치해 놓았다. 김일성은 제2차 범민족대회(1991. 8. 1)에서 종교에 대한 새로운 해석을 내용으로 한 담화를 발표했다.

> "종교에 대한 올바른 이해를 가지고 종교를 믿는 사람들과의 사업을 잘하는 것이 중요합니다. … 진보적인 종교인들은 사람들이 서로 사랑하면서 화목하게 살 것을 바라고 있습니다. 오늘 남조선 종교인들은 외래 침략자들이 우리 민족을 인공적으로 분열시켜 놓고 통일을 요구하는 사람들을 총칼로 탄압하는 데 반대하고 있습니다. 우리는 남조선 종교인들이 조국 통일을 위하여 헌신적으로 투쟁하고 있는 것을 높이 평가해야 하며 그들과 단결해야 합니다."

담화 이후 1992년에는 종교와 관련한 헌법을 개정하여 반종교 선전의 자유를 삭제하고, 종교 건물을 짓거나 종교의식 같은 것을 허용한다고 바꿨다(개정헌법 62조). 고난의 행군이 시작되던 1995년엔 남한과 구미 각국 종교단체들과의 빈번한 접촉을 통해 경제적 지원을 받았고, 강영섭 조선그리스도교연맹 위원장이 미국의 종교 집회에 참석하기도 했다. 한국기독교교회협의회(NCCK) 소속 교단과 기독교 NGO 단체를 중심으로 한 남한 종

교인들은 대북지원을 위해 체재 내 종교기관과 협력했다. 1998
년 북한은 헌법을 개정해 종교시설 건축을 합법적으로 용인했
다. 헌법 제5장 68조는 이렇게 규정하고 있다.

> "공민은 신앙의 자유를 가진다. 이 권리는 종교 건물을 짓거나 종교의식
> 같은 것을 허용하는 것으로 보장된다. 종교를 외세를 끌어들이거나 국가
> 사회질서를 해치는데 리용할 수 없다."

1972년부터 평양신학원을 개원해 학생 12명을 모집, 3년간 수
업을 하고 졸업하면 다시 뽑는 방식으로 진행하다 2000년 9월
부터 5년제로 바꾸었다. 1972년부터 지금까지 약 150여 명의 목
사를 양성해 냈다. 교수는 30여 명이다. 재학생들은 평일에는
통전부나 해외동포 영접국 등 대남 적화기관에서 근무하거나
대외 관련 기관 간부로 활동하면서 주로 통신 중심의 교육을 받
는다. 평양신학원을 마치게 되면 조선그리스도교연맹 중앙본부
혹은 지방 연맹 사무실, 조선적십자회 등에서 근무하거나 칠골
교회, 봉수교회 등에서 목사, 가정교회 목사 등으로 활동한다.
체제 내 교회는 종교적 활동보다는 남한과 세계 기독교 단체들
과 교제하며 인도적 지원사업을 활성화하는 데 주력했다.

6. 새순 지하교회 확장과 박해(1998년~현재)

고난의 행군 기간 조중 접경지대에서 생계형 탈북이 시작됐다. 이들 수십 만의 탈북자들을 대상으로 북한선교가 시작되면서 북한선교도 새로운 국면을 맞았다. 그동안 지하에서 신앙을 유지하던 그루터기 지하교인이 고령화되어 가고 그 수가 미미해져 갈 때, 탈북하여 신앙을 갖게 된 성도들이 다시 북한에 들어가 새순 지하교인이 되면서 북한의 기독교 지형을 바꾸었다. 1998년 이후 노동신문에 나타난 종교에 대한 글들을 보면 종교의 자유에 대해 우려하는 내용들이 나오기 시작한다.

> "종교의 탈을 쓴 반동 단체들은 신앙의 자유, 인권을 부르짖으면서 사회주의를 무너뜨리기 위해 미쳐 날뛰었으며, 사상교양 사업을 하지 않아 텅 빈 사람들의 머리에 미신이 들어차게 되었다."(1999. 6. 24)

이에 지하 기독교인 성장을 제지하기 위해 북한 주민들에게 기독교에 대한 부정적 이미지를 형성시키면서 다시 박해가 시작되었다. 먼저 기독교를 서구 종교로 인식시키기 위해 조선기독교도연맹을 조선그리스도교연맹(99년 2월)으로, 천주교협회를 조선가톨릭협회(99년 6월)로 개칭했다. 또한 지하교인들을 색출하여 수용소로 보내거나 사형에 처하면서 북한은 2,000년대 이후 20년 동안 전세계 종교탄압 1위 국가가 되었다.

평북 룡천의 새순 지하교인 지현옥(33세)은 성경책을 배포하다 붙잡혀 공개 처형을 당했고(2009. 6. 17), 남은 가족인 남편과 아이 셋 전원은 평북 보위부에서 국가보위부로 이송돼 22호 관리소(회룡수용소)로 보내졌다. 평북 신의주에서 출생한 새순 지하교인 서금옥(30세)은 성경CD를 배포하다 2009년 3월 10일 국가보위부에 체포돼 고문을 당하고 생사불명이 되었고, 강원도 원산시 김광명(45세)은 단파라디오를 전달하다 2008년 10월 4일 붙잡혀 도 보위부로 이송돼 생사불명이 되었다. 새순 지하교인 차덕순은 중국으로 건너가 교회 종소리를 듣고 교회를 찾아가 하나님을 만났다. 북한으로 돌아와 자수했는데 처벌받지 않자 하나님의 은총이라 확신하여 함흥과 청진, 혜산을 비롯한 여러 곳을 다니며 복음을 전하고 사리원시에서 지하 종교망을 조직해 주일예배를 드리다가 주민의 신고로 적발되어, 2005~2010년 사이에 순교했다. 현재 북한 내부에서 붙잡힌 4~6만의 기독교인들이 노동수용소에 수감되어 있다.

김정은은 2014년 4월 기독교와 접촉 혐의가 있는 평양 주민 100명을 소환 조사하여 처형했다. 2017~2020년엔 50명의 기독교인을 비공개 처형했고, 100여 명을 무기징역으로 정치범 수용소로 보냈으며, 수백 명을 수년 형의 강제노동과 무기노동교화형에 처했다. 현재 수감되어 있는 한국인 선교사는 김정욱, 김국기, 최춘길 선교사, 수감된 탈북민 출신 한국인 신자는 고현철, 김원호, 함진우, 조선족 출신 장만석 선교사가 있다. 박해 속에서도 현재 북한의 지하교회는 확장되고 있다.

탈북자 구출사역은 하나님이

기뻐하시는 사역이다.

유리하는 탈북자들은 구출해야 하고,

헐벗은 자는 도와주어야 하며,

골육의 고통에는 동참해야 한다.

북한 주민의 굶주림에 마음과 정성을 보태고

그들의 고통 해결을 위해 기도해야 한다.

탈북자 구출 사역은

주님의 고난에 동참하는 사역이다.

탈북자 구출사역과 북한선교

제 6 강

탈북자 구출사역과 북한선교

북한은 집단주의를 강화하기 위해 나라 전체를 한 가정으로 하
는 사회주의 대가정을 구축했다. 북한체제는 수령은 가정의 어버
이이고, 노동당은 어머니이며, 인민은 자녀로 믿도록 만든 시스템
이다. 북한에서의 탈북은 사회주의 대가정의 생태계에서 벗어나
는 것이다. 탈북자는 학습되고 세뇌된 체제로부터 벗어나면서 그
동안 믿었던 북한식의 길과 진리와 생명을 버린 자들이다.

Ⅰ. 북한의 '사회주의 대가정관'

1. 김일성의 사회주의 대가정

김일성은 1962년 신년사에서 처음으로 사회주의 대가정을 언

급했다. 이후 '국가의 가정화', '붉은 대가정', '혁명적 대가정', '공산주의적 대가정'을 내세우며 사회 시스템을 가정 시스템으로 만들었다. 그리고 '수령'을 각 가정에서 육체적 생명을 준 부모보다 더 중요한 존재로 인식케 하고, 수령이 자녀인 인민 대중에게 얼마나 자애로운 사랑을 베푸는 존재인가를 강조했다. 이에 자녀인 인민이 수령에게 충성과 효성을 다할 것을 요구한 것이다. 김일성이 주장한 '사회주의 대가정'은 주민들을 '집단주의'에 얽어매어, 개인의 인권과 권리의식을 말살하는 주민통제 수단이다.

2. 김정일의 사회주의 대가정론

김정일은 1990년대 중반, 일명 '고난의 행군' 기간에 약화된 집단주의를 강화하기 위해 '수령-당-대중'을 하나로 묶는 '사회주의 대가정론'을 또다시 내세웠다. 김일성 사망 이후 떨어진 수령의 권위 회복과 지배권력을 강화하기 위해 자신을 정점으로 사회를 결속시키기 위한 것이다. 또한 자연재해와 경제난으로 대내외 혼란 상황이 야기됨에 따라 주민들의 동요와 이탈을 막고, 수령-당-인민을 하나의 사회·정치적 생명체로 묶어 인민들의 수령에 대한 충성과 효성을 이끌어냄으로써 김씨 일가의 독재체제를 공고히 하기 위함이다.

3. 김정은의 사회주의 대가정론

2019년 2월 24일자 노동신문 2면엔 '우리 사회를 화목한 대가정(大家庭)으로 꾸려나가기 위한 중요한 요구'라는 제목의 글이 게재됐다. 글은 "모든 것이 풍족해지면 도덕적 풍모도 완성될 것이라는 생각은 오산"이라며, "현재의 비사회주의적인 도덕과 문화현상에 대해 '대중적인 통제와 투쟁'을 강화해야 한다"고 주장했다. 경제 실패, 인권 탄압, 각종 부정부패 현상들이 폭로돼 체제 불만으로 이어지는 것을 막기 위해 다시 사회주의 대가정론을 강조한 것이다.

II. 북한체제로부터의 탈북

1. 사회주의 대가정의 굴레에서 벗어나는 길

북한에서 가족, 가정은 독립적 역할을 하는 단위가 아니다. 사회주의 대가정을 이루는 하나의 세포로써 가정은 '사회 기층의 생활 단위와 최저생산 단위 그리고 온 사회 주체사상화의 학습 장'일 뿐이다. 당연히 북한에서는 '혈연적 가정'보다 '사회주의 대가정'을 더 우선시해야 한다.

사회주의 대가정론의 가정관은 수령(아버지), 당(어머니), 인민대중(자녀)의 삼위일체 유기체 가정관이다. 수령이 차지하는 위치는 남존여비와 가부장제에 근거한 아버지이며, 그 아버지 아래에 있는 아내이자 어머니(당)는 북한 수령절대주의 사회에서 남편에게 순종하고 복종해야 하며, 자녀인 북한 주민은 언제나 부모의 보호 아래에서만 존재가 가능하다. 따라서 탈북은 사회주의 대가정의 굴레에서 벗어나 성숙한 시민으로 살아갈 자유를 찾는 여정이다.

2. 가정 혁명화로부터의 탈출

북한은 수령을 중심으로 한 일심단결을 위해 '가정 혁명화'를 주요 정책으로 삼고 이를 가족법에서 규정하고 있다. 북한에서 가정 혁명화란 가정을 북한 사회라고 하는 대가정을 구성하는 하나의 중요한 세포로 인식하게 하여, 자신의 사상이나 행동은 물론이고 자신과 연결된 친인척들의 사상문제나 행동까지 연대책임을 지게 하는 것이다. 당연히 가족 구성원의 잘못에 대해서도 연대책임을 지고 처벌을 당한다. 이것을 가정 혁명화라고 한다. 북한은 연좌제를 심하게 강요하기 때문에 가정 혁명화는 북한체제를 지키고 떠받드는 중요한 도구이자 북한 주민들을 공포에 떨게 하는 수단이 된다.

가정 혁명화의 영향으로 남아보다 여아를 선호하는 현상이 나타났다. "아들을 많이 둔 엄마는 안전부(경찰서) 걸음을 자주하고 딸을 많이 낳은 엄마는 우편국(우체국) 걸음을 많이 한다"는 말이 있을 정도다. 말썽 많은 아들을 낳으면 그 아들의 잘못으로 집안이 몰락할 수 있다는 뜻이다. 그래서 북한 주민의 대다수는 탈북할 생각을 전혀 하지 않는다. 북한이 살 만해서가 아니다. 가정 혁명화의 연좌제에 묶여 본인의 목숨은 물론, 가족과 친척들의 생명까지도 담보로 해야 하기 때문이다. 탈북은 이런 가정 혁명화에서 벗어나기를 다짐하며 가족들의 위험까지도 감내한 결단이다.

3. 인권회복의 길

탈북은 본토 친척 아비 집을 떠나는 것과 유사하다. 탈북은 독재와 강제노동으로부터 탈출하는 출애굽과 같다. 수령의 독재와 강제노동으로부터 '출북'하는 것이다. 이에 더하여 탈북은 유리하는 빈민이 되어 광야로 들어가는 것과 같다. 일용할 양식과 거주할 곳이 보장되지 못하는 생존의 위기 속에서 아말렉의 공격에 무방비 상태로 노출되는 것이다. 하지만 이러한 탈북은 애굽의 종살이로부터 벗어나 희년에 들어가기 위한 모험의 여정이다. 그것은 잃었던 자유, 잃었던 땅, 잃어버린 꿈과 비전, 잃어버린 신앙과 인권을 회복할 기회를 찾아 나서는 것이다. 그러므로 탈북자들을 구출하는 사역은 출애굽을 주도한 모세의 사역과 궤를 같이 한다.

Ⅲ. 탈북자 구출 사역

1. 탈북자 구출 상황

1997년부터 20여 년간 탈북자를 취재한 조천현이 2021년 저술한 '탈북자'에 의하면, 탈북자 중에서 한국행을 원하는 비율은 41%이며, 북한행을 바라는 비율은 34%, 중국에서 살아가길 원하는 비율은 21%, 기타 4%다. 55%의 탈북자가 한국행을 바라지 않는다고 했다. 한국행을 바라는 탈북자들은 대부분 북한의 체제나 사상에 대한 거부나 자유를 동경해서라기보다는 현실적인 이유를 들었다. 남한 정부의 지원금 등 경제적인 목적으로, 남한에 정착한 탈북자가 자신의 가족을 한국으로 데려오라고 해서, 탈북 여성과 결혼한 한족이나 조선족 남편이 탈북 여성을 통해 한국에 진출하려고, 소수지만 범죄를 저지른 후 도피수단으로, 자녀교육이나 한류 문화를 동경해서 등이다. 탈북하여 남한에 들어오는 탈북민 숫자는 2002년부터 증가하기 시작해서 2010년 정점을 찍은 후 계속 줄어들다가 3만 5,000여 명에서 정체됐다. 현재는 소수만 들어오고 있다.

탈북민 중 상당수가 여성들인데, 이들은 매우 열악한 환경에 처해 있다. 중국에서 탈북자 여성의 인신매매율은 60%나 된다. 미국 국무부의 '2020 인신매매 보고서'는 "북한 정부의 심각한 인권 침해가 이웃 국가인 중국에서의 인신매매를 부추기고 있다"고 지적했다. 영국 민간단체 '코리아 미래계획'(Korea Future Initiative)은 탈북 여성의 인신매매, 성매매 관련 지하시장 규모가 1억 500만 달러나 된다고 했다. 이들을 시급히 구출해야 한다.

2. 탈북자 구출 루트

탈북자들은 대부분 조중 접경지대를 통해 탈출한다. 중국 공안은 이들을 '타인비법 월경 조직죄'로 붙잡아 북송시키고 있다. 북송된 탈북자들은 북한 보위부의 취조를 받는데, 이때 인권유린이 심각하게 빚어진다. 단순 도강자는 일정 기간 수감 후 풀려나지만, 취조 중 남한으로 가려 한 정황이 포착되면 가차 없이 정치범 수용소로 보내진다.

탈북자들이 남한으로 들어오는 루트는 다양하다. 이미 알려져 있는 주요 탈북노선은 1만 ㎞에 이르는 중국 대륙을 가로질러 여러 국가의 국경을 넘은 뒤 밀입국하여 이민국 수용소를 거쳐 한국으로 들어오는 것이다. 그 외에도 태영호 의원의 경우처럼 대사관 루트를 비롯해, 몽골 루트, 러시아 루트, DMZ 루트, 동해나 서해를 통한 해상 루트 등이 있다.

탈북자 구출 사역을 막기 위해 북한에서는 보위부원을 중국에 위장 파견하여 철저하게 감시하고 있다. 2003~2013년 북한 보위부 소속 중국 공작원으로 활동했던 K의 증언에 의하면 이들의 임무는 다음과 같다. 주요 탈북자들의 소재를 파악해 체포, 강제 북송하는 것, 탈북자를 지원하는 내국인 선교사의 신원과 동향 파악, 탈북자들의 한국 입국 루트를 파악 후 봉쇄, 북한 내 기독교 유입을 차단하기 위해 한국인 목사와 선교사의 활동 제재 등이다.

3. 탈북자 구출사역과 북한선교 단체

탈북자 구출을 위해 활동하는 단체는 20여 곳이 있다. 모퉁이돌선교회(대표 이삭)는 셸터(shelter) 사역으로 탈북자들을 돕고 있고, 두리하나선교회(대표 천기원)는 중국·러시아 루트를 통해 현재까지 1,200여 명을 구출했으며, 통일소망선교회(대표 이빌립)는 1,400여 명을 구출했다. '쉰들러 프로젝트'를 벌이는 갈렙선교회(대표 김성은)는 해상 탈출을 비롯한 동남아 루트를 통해 2017년까지 500여 명을 구출했다. 나우(대표 지성호)는 2011~2018년까지 110명을 구출했다. NK WATCH(대표 안명철)는 2003년 북한의 인권과 민주화를 위해 정치범 수용자 출신자들이 만든 단체로 2014년부터 탈북자 구출 사역을 시작했다. 2004년 설립된 미국의 탈북자 구출 단체 LiNK는 2010년부터 중점사업으로 'The hundred(100명) 탈북자 구출 운동'을 시작, 매년 100명씩 1,000여 명을 구출했다. 현재 17개국에서 330개의 탈북자 구출팀을 운영 중이다.

그 외에도 에스더기도운동본부(대표 이용희)는 2012년 한국의 6만 교회를 비롯해 전세계 5천여 한인교회를 대상으로 '1명 탈북자 구출 운동'(1년 6만 5,000명 구출 운동)을 벌였고. 북한인권증진센터(소장 이한별)는 중국에 인신매매된 여성들을 긴급 구출하는 사역을 했고, 북한인권시민연합(창립 윤현)은 탈북자 구출 사역을 알리기 위한 책 '인권의 수레바퀴를 돌리다'를 2020년 출간하기도 했다.

남한에 들어온 탈북자의 수는 영덕군, 봉화군, 장흥군, 보은군, 영월군, 청양군의 인구와 비슷하다. 남한에 군 하나가 새로 생긴 셈이다. 탈북자가 하나원에 들어올 때 기독교인이 평균 35%나 된다. 그만큼 탈북자 구출 사역에 북한선교단체들이 적극적으로 참여했다는 방증이다. 그 영향으로 2021년 현재까지 국내에는 총 68개의 탈북민 교회가 설립됐다(대성공사의 평화교회를 포함한 10곳은 폐쇄). 이 중 북한 출신 사역자가 세운 교회는 42개, 남한 출신 사역자가 세운 교회는 25개다. 중국 출신 사역자가 세운 교회도 1개가 있다. 탈북민 교회에 출석하는 탈북민 총인원은 1,400명이다. 국내 탈북민 기독교인 1만 명의 14% 정도다.

IV. 탈북자가 남한사회에 끼친 영향

탈북자들로 인해 남한 사회는 북한체제가 얼마나 비정상적인지 체감하게 되었고, 그동안 베일에 가려졌던 북한에서의 생활상에 대한 생생한 정보를 얻게 되었다. 또한 다른 체제에서 살아왔던 북한 주민이 남한과 어느 정도 사회통합을 이룰 수 있는지 남한의 사회통합 역량을 파악할 수 있는 계기가 되었다. 선교적 측면에서 보자면 그동안 약화되어 거의 방치되다시피 했던 북한선교에 대한 관심을 남한 교회에 촉발하는 계기가 되었다. 한반도 통일 비전의 동기를 남한 사회에 제시하는 데도 기여했다.

1. 북한체제와 삶의 비정상성 확인

1980년대 후반 동구 공산권이 몰락할 때, 이를 지켜본 해외 유학생들과 시베리아 벌목대 등 해외에 나가 있던 북한 주민이 귀순했다. 재미교포 친척과 서신을 왕래하면서 북한체제에 회의를 느껴 탈북한 가족 탈북(김경호 씨, 이윤용 씨, 김원형 씨 일가)도 있었다. 북한체제에서 고위층에 속했던 인사들(김일성대 총장, 총리 사위, 대학교수, 방송작가, 과학자, 외교관, 대남공작원, 보위부 및 군 간부)이 탈북했다. 이들이 남한에 와서 북한체제의 모순을 폭로하면서 북한체제의 문제가 남한 사회에 고스란히 드러나게 되었다.

1990년대 중반 이후 식량난과 정치적 핍박을 피해 한 해 평균 1,000명씩 탈북민들이 들어오면서, 이들이 북한 사회의 일상에 대해 매스컴과 유튜브 등을 통해 간증, 고백하게 되자 북한의 실상에 대한 정보가 더 풍성하게 되었다.

2. 북한에 대한 생생한 정보 제공

한국 사회는 '이제 만나러 갑시다', '모란봉 클럽' 등 TV 프로그램을 통하거나, 탈북민들의 강연이나 간증, 만남, SNS 활동 등을 통해 최신 북한 정보를 얻을 수 있게 되었다.

3. 남한의 사회통합 역량 평가의 계기

Castles과 Miller(2008)는 이민자 사회통합 모형을 세 가지로 구분했다. 사회통합 모형 중 차별배제 모형(differential exclusion model)은 경제특구 같은 특정 지역이나 특정 영역에서만 이민자를 받아들여 사회통합을 이루는 것이다. 하지만, 한국 사회는 탈북자들을 특정 지역에만 거주시키지 않았다. 탈북자 거주지를 전국으로 분배했다. 우리가 선택한 사회통합 모형은 동화주의 모형(assimilation model)으로 언어, 문화, 사회적 특성 등 모든 면에서 남한 사회 구성원들에게 흡수 통합되게 하는 모형이다. 이는 1960년대 미국의 용광로(Melting pot) 정책과 같은 것이다. 탈북자들에게 남한의 언어와 문화를 습득하도록 가르치고 통합되게 하는 정책이다.

하지만 이런 동화주의형보다는 다문화주의 모형(multiculturalism model)이 더 필요하다고 생각한다. 탈북민들의 고유한 문화를 인정하고, 그 문화를 남한에서 취사 선택하여 함께 공유하면서 사회통합을 이루는 방식이다. 이를 위해서는 남한의 문화의식이 더 성장해야 한다. 다문화를 수용하는(Salad Bowl) 능력이 있어야 하고, 탈북민에 대한 편견이 사라져야 한다. 북한에서의 삶의 방식에 대한 바른 이해와 남북통합에 대한 거시적 안목도 있어야 한다. 탈북민들로 인해 남한 사회는 통일 이후의 사회통합 역량을 평가할 수 있는 계기가 되었다.

4. 북한선교의 동기 부여

혈육을 피하여 숨는 것은 비성서적이다. 북한선교의 동기 부여에 있어 한민족 동질성은 중요한 요소였다. 하지만 분단이 길어지고, 남북의 문화적 격차가 심화되면서 한민족의 동질성도 많이 떨어졌다. 그렇다 보니 북한선교의 동기 부여가 쉽지 않았다. 경제적 관점에서 통일비용 대비 통일편익의 우위성을 설명하면서 북한선교에 동참할 것을 요구해도 쉽게 공감을 얻지 못했다. 북한선교와 통일의 연계성을 명확히 설명하지도 못했다. 한국 사회에서 종교성이 약화되고, 기독교인들의 신앙 열정이 식어가면서 북한선교에 대한 동기 부여가 더 어렵게 된 것이다.

사실 북한선교의 결과가 잘 드러나지 않는 상황에서 선교 동원을 일으키는 일은 결코 쉬운 일이 아니다. 이러한 상황에서 탈북민들이 이 땅에 들어왔다. 이들을 전도하는 과정에서 북한선교의 필연성이 제기되었고, 북한선교에 대한 동기 부여의 기회가 열렸다. 또한 조중 접경지대에서의 북한선교와 그 영향으로 북한의 지하교회 확장, 탈북민 가정 전도를 통한 북한선교의 모습을 볼 수 있게 되었다. 이러한 활동은 남한 교회가 북한선교에 참여할 수 있는 동기를 제공했다.

5. 북한선교 비전 형성의 촉매

남한에서 한반도 통일비전을 촉진할 수 있는 여건은 남북 관계가 원활하게 풀어져 가는 것이다. 남북한 정책 주도세력 사이의 상호 유대감이나 공감대를 정치 지도자가 끌어내어 대화나 협상 테이블에 앉게 될 때나, 남북 직간접적 소통체계가 원활해서 남북왕래가 있거나, 남북간 군사적 신뢰 구축을 통해 도발이 멈춘다거나, 남북한 사회에서 통일과 통합에 적극성을 보이는 사람들의 숫자가 늘어나거나, 남북한 주민들의 언어, 역사, 문화 의식 등에서 동질성을 유지할 수 있도록 남북 매칭 대화의 계기가 마련되거나, 남북한 교류 협력 확대로 국익이 증진되는 통관 및 통상이 확대될 때 등이다.

위의 상황에 영향을 받기는 기독교인도 예외가 아니다. 하지만 기독교인에게 통일비전의 촉매자는 성령님이시다. 성령의 역사가 일어날 때 선교지형은 변화된다. 바울이 소아시아 선교에 집중하다가 유럽의 마게도냐 선교로 선교지형을 바꾼 것은 성령께서 마게도냐 사람을 통해 '와서 도우라'는 환상을 보여주셨기 때문이다. 탈북민과의 만남이나 접촉으로 알게 된 북한의 실상은 바울이 마게도냐 선교의 문을 열게 된 환상과 같다고 할 수 있다. 탈북민들과의 만남을 통해 "와서 북한을 도우라"는 성령의 음성을 듣게 된다. 그때, 북한선교에 대한 소명과 사명이 확장되는 계기가 열리게 된다.

6. 북한선교 사역으로서의 탈북자 구출사역

탈북자 구출사역은 하나님이 기뻐하시는 사역이다.

"내가 기뻐하는 금식은 흉악의 결박을 풀어 주며 멍에의 줄을 끌러 주며 압제당하는 자를 자유하게 하며 모든 멍에를 꺾는 것이 아니겠느냐 또 주린 자에게 네 양식을 나누어 주며 유리하는 빈민을 집에 들이며 헐벗은 자를 보면 입히며 또 네 골육을 피하여 스스로 숨지 아니하는 것이 아니겠느냐"(사 58:6~7)

탈북의 영적 의미는 북한체제의 흉악의 결박으로부터 벗어나기 위한 것이고, 북한 수령절대주의 집단의 모든 멍에로부터 자유로워지기 위한 것이며, 북한의 압제로부터 벗어나 최악의 생존위기를 극복하기 위한 것이다.

북한 주민은 지금 최악의 생존위기 속에 살아가고 있다. 할 수만 있다면 이들을 도와주어야 한다. 인도적 지원 문제가 풀려야 한다.(사 58:7) 주린 북한 주민에게 양식을 나눠주어야 하고(대북 식량지원), 유리하는 탈북자들을 구출해야 하며, 헐벗은 북한 주민들과 탈북민들을 입혀야 한다(탈북민 생계 지원). 현재 농촌의 북한 주민들은 먹을 양식이 없어 평균 10~20%의 주민들은 곡기가 끊겼고, 40~70%는 하루 한 끼로 연명할 만큼 식량난이 심각하다. 주린 자에겐 일용할 양식이 생명이다.(신 14:29, 시 72:12~13) 코로나19 이후 북한의 식량 사정이 더 나빠져 아사자들이 생기고 있다.

유리하는 탈북자들은 구출해야 하고(잠 19:17, 시 112:9), 헐벗은 자는 도와주어야 하며(약 2:15~17, 요일 3:17~19), 골육의 고통에는 동참해야 한다. 북한 주민의 굶주림에 마음과 정성을 보태야 한다.(사 58:10) 또한 북한 주민의 고통 해결을 위해 기도해야 한다.(사 58:10) 탈북자 구출 사역은 주님의 고난에 동참하는 사역이다.(마 25:35~36,40, 눅 12:33, 엡 4:28)

한국교회의 북한선교 방식

07

제 7 강

한국교회의 북한선교 방식

제1차 세계대전 때 프랑스는 독일군 포병대의 공격을 근대적인 요새 구축을 통한 방어 전략으로 막아냈다. 그 이후 프랑스는 국방정책으로 방어제일주의를 지향하면서 완벽한 방어진지를 구축했다. 총사령관 필리프 페탱의 제안과 국방장관 안드레 마지노의 주도로 350㎞ 암반을 뚫고 5,000개 이상의 벙커를 만든 것이다. 이렇게 구축한 마지노선(Maginot Line)은 700㎞에 달하는 철벽같은 요새 지대다. 1927년부터 1936년까지 9년간 20조 원의 국방비를 들여 구축한 것이다. 프랑스는 이곳에 40만 군대를 포진시켰다. 하지만 2차 대전이 발발하자 독일은 접경지대의 마지노선을 피해 프랑스와 접한 벨기에를 침공하여 점령한 후 우회해서 프랑스를 공격했다. 그 결과 마지노선 방어는 아무 소용이 없게 되었다. 프랑스는 소극적인 방어 전략이 아니라 적극적인 공격 전략으로 대응했어야 했던 것이다.

한국교회의 북한선교도 마지노선 전략을 쓰고 있는 형국이다. 남한 교회만 든든히 세워두면 통일의 때가 되면 얼마든지 북한선교는 할 수 있다고 생각하는 마인드를 대부분 교회가 갖고 있다. 그래서 탈북자들이 대량으로 남한에 들어온 상황 속에서도 적극적인 관심을 보이지 않고 있다. 개별 교회나 교단에 통일과 북한선교 관련 기관이나 부서를 형식적으로 만들어 놓은 수준이다. 북한선교에 대한 마지노선 전략의 패러다임 전환이 필요하다. 변화된 한반도 환경 속에서 적극적인 북한선교 전략을 구사해야 한다.

I. 북한선교 방식

북한선교의 문을 열기 위해 남한의 북한사역자(NK)와 외국인 북한사역자(LK), 디아스포라 한인 사역자(DK)들이 정문선교(북한체제와의 공식적인 선교)와 후문선교(북한체제와의 비공식적인 선교), 쪽문선교(북한체제에 대한 저항선교), 창문선교(북한체제에 대한 도전선교)를 실시하고 있다.

1. 정문선교-북한체제와의 공식적 선교

북한체제의 공식적인 종교 단체인 조그련과 접촉하여 북한교회를 지원하는 선교다. 주로 남한의 진보진영 사역자들과 기독교 NGO 단체, 그리고 외국 국적을 가진 한인(DK)들과 북한선교에 동참한 외국인 사역자(LK)들을 통해 이루어지고 있는 인도적 지원 사역이다.

첫째, 예비적 접근(Preparatory Approach)은 1984년 10월 일본 도잔소(Tozanso)에서 남북한 그리스도인들의 만남과 1986년 9월 스위스에서의 대화로 시작됐다. 이 시기 북한 정권은 사회정치적 생명체론(1986년)을 내세우면서 수령을 더 절대화시키고 있었다. 이후 1988년 스위스 글리온(Glion)에서 1, 2차 모임을 가졌다. 1989년 7월 17~26일 소련 모스크바에서 '한반도 통일선언문'을 채택, 북한의 체제 교회와 남한의 교회에 배포했다.

둘째, 적극적인 접근(Positive Approach)은 조그련과의 협력을 통해 구제 선교를 실시하면서 진행되었다. 주로 고아원, 병원, 국수공장, 농장 지원, 젖염소 농장, 농사 지원 등을 실시했다. 이때 지원한 북한 기독교 기관은 조그련 소속 봉수교회, 칠골교회, 조선그리스도교연맹, 가정교회(520여 개)다. 주 내용은 북한의 봉수교회를 증축하는 일과 신학교 교육을 지원하는 일, 평양 과기대와 병원을 설립하는 일이었다.

2. 후문선교-북한체제와의 비공식적 선교

북한체제는 복음의 유입을 막는다. 수령절대주의체제는 복음이 들어가면 무너지기 때문이다. 그래서 공식적인 루트가 아니라 비공식적인 루트로 선교하는 것이 후문선교다. 주로 복음을 전하는 사역자는 남한의 보수 복음주의 북한선교 사역자나 북한의 지하교회를 위해 헌신하는 외국인 사역자들이다.

선교사역은 대북 방송선교(극동방송, TWR, 모퉁이돌선교회 등)로 전파를 통한 북한선교와 지하교회 지원 사역으로 북한에 성경과 기독교 문서를 다양한 매체를 통해 들여보내는 사역을 실시한다.

3. 쪽문선교-북한체제 저항 선교

북한체제에 저항하며 체제를 전환시키기 위한 민주화 운동 지원 등의 사역을 쪽문선교라고 한다. 복음주의 북한선교 사역자들과 북한을 사랑하는 외국인 선교사들이 주로 행하는 사역이다. 조중 접경지대와 제3지대(동남아, 러시아 등)에서 미션홈을 통해 탈북자들에게 복음을 전한 후 남한으로 구출하는 탈북자 구출 사역, 남한에 들어온 탈북민과 이들을 통해 북한의 친인척을 지원하고 통신을 통해 복음을 전하는 사역, 북한 인권 운동이나 체제 내 탈북민 탄압에 대한 압박을 통한 북한 인권 사역 등이 있다.

4. 창문선교-북한선교와 선교통일 사역자를 준비하는 사역

북한선교사를 양육하는 사역을 창문선교라고 한다. 전문인 북한선교 사역자를 양육하는 기관은 아세아연합신학대학교 선교대학원 북한선교학과와 숭실대 통일지도자 과정이 있다. 연구소로는 장신대 남북한평화신학연구소를 비롯해 각 교단의 북한선교연구소가 있다.

평신도 북한선교사역자 교육단체로 통일선교아카데미, 북한선교전략학교, 북한선교학교 등이 있다. 개교회에서도 북한선교단기학교를 개설하여 선교통일 사역자를 양성하고 있다. 학회로는 기독교통일학회나 통일포럼(기독교통일포럼, 숭실대 도시통일리더십포럼, 관악통일포럼 등)이 있고, 선교통일한국협의회, 한국교회 통일선교교단실무자협의회 같은 협의회도 있다.

기도 단체로는 쥬빌리통일구국기도회, 에스더기도운동본부, 통일광장기도회, 월요기도회, 레브에하드 등이 연합기도회를 진행하고 있다. 또한 통일을 준비하는 사역으로는 통일소망선교회의 북한교회개척학교, 모퉁이돌선교회의 비상상황 대응 매뉴얼 훈련 등이 있다. 대학생들과 다음 세대들을 위한 선교단체들의 북한선교와 통일사역도 실시되고 있다.

II. 북한선교 방식의 한계점

1. 북한선교를 위한 준비

북한선교를 위해서는 북한에 대한 정확한 이해와 통전적인 전략, 리더십이 필요하다. 첫째, 북한선교 단체들은 가장 먼저 북한과 북한 사람들을 이해해야 한다. 이들의 변화하는 환경을 수시로 모니터링하고 분석해야 한다. 북한의 변화된 환경을 이해하지 못한 상태에서 과거의 이해나 편견적 이해에 사로잡히게 되면 비효율적인 선교사역을 할 수밖에 없다.

둘째, 선교사들은 깊은 영성(말씀과 기도)에 의한 통전적인 전략 선교를 해야 한다. 변화되는 북한선교 현장에서 무엇을 구해

야 할지, 어떤 말씀을 붙들고 나가야 할지에 대한 명확한 말씀을
붙들어야 한다.

셋째, 변화된 선교환경에 대한 장·단기적 안목을 가지고 북한
선교를 제안할 대표적 북한선교 중심 단체가 세워져야 한다. 그
리고 이를 운영할 북한과 성경, 기독교 환경에 대한 이해와 깊이
를 가진 리더십이 있어야 한다.

2. 북한선교의 진영 분열

현재 남한의 북한선교 지형은 둘로 나뉘어 있다. 보수진영과
진보진영이다. 보수진영은 정치적 측면에서 우파와, 진보진영은
좌파와 함께한다. 어느 진영이 정권을 잡더라도 기독교가 정치
인들과 접촉점을 가질 수 있다는 점에서는 긍정적으로 볼 수 있
지만, 북한선교를 통한 선교통일의 측면에서는 결코 바람직하지
않다. 이는 그 자체가 분열이며 정치인들에게 이용당할 수 있는
위험성에 노출되기 때문이다. 기독교를 보수, 진보, 좌파, 우파로
나누는 것 자체가 하나 되게 하는 복음에 위배된다.

현재 보수진영에는 복음주의를 지향하고 있는 교회와 교단들
이 있다. 보수진영에서 북한선교란 북한에 복음을 전하는 것으
로 북한 내 교회 재건이 선교의 중심적 목표가 된다. 그래서 보

수진영은 이 사역을 위해 북한선교 원칙을 확정했다. 1995년 6월 12일 북한교회재건위원회에서 제시한 재건 원칙은 세 가지다. 북한 전도와 교회 재건에서 '창구를 일원화'하는 연합의 원칙과, 교파 경쟁을 지양하고 '단일 기독교단'을 세운다는 단일의 원칙, 북한교회를 '자립적이고 독립적인 교회'로 세운다는 독립의 원칙이다.

진보진영에는 에큐메니컬을 지향하는 교회와 교단이 있다. 진보진영은 조선그리스도교연맹과 북한의 체재 내 교회의 실체를 긍정적으로 인정한다. 이들과의 공식적인 협력을 통한 인도적 지원 사역과 조그련 소속 목사들과의 포럼, 세미나 등을 통해 남북 연합 기독교 성명과 기도제목을 나누는 사역을 주력으로 진행한다. 1980년대의 통일운동을 주도해 온 진보진영 입장은 '북한선교는 곧 통일'이라는 논리 하에 선교를 '평화와 정의의 실현이며, 남과 북이 화해하여 평화를 이룩하는 분단극복 자체'로 본다.

진보와 보수 두 진영은 대화나 연합을 이루지 못한 상태에서 서로의 강점을 나누지 못하고 있다.

III. 북한선교 상황의 변화

북한선교를 위해서는 세계의 기독교 박해 양상과 세계 산업 구조의 변화, 그리고 북한의 정책 변화와 영적 변화를 파악하고 분별해야 한다.

1. 세계의 기독교 박해 양상

국제정세는 다시 냉전체제로 전환되어 가고 있다. 러시아와 중국, 북한을 중심으로 한 공산 사회주의 진영과 미국과 나토(NATO)를 중심으로 한 자유민주주의 진영으로 나뉘고 있다.

중국의 기독교 선교환경은 시진핑 집권 이후 더 악화되었다. 코로나19 방역을 이유로 수집한 데이터를 종교의 자유를 억압하는 데 사용하고 있다.

2022년 3월 1일 중국 국가종교사무국이 공포한 '인터넷 종교 정보서비스 관리방법'은 이렇게 규정하고 있다.

"어떤 조직이나 개인이 허가 없이 인터넷상에서 교리를 전파하거나 종교 교육 훈련 실시, 설교 내용 배포, 관련 링크 전달을 할 수 없다. 인터넷상에서 종교 활동 조직 및 진행을 할 수 없으며, 문자·사진·음성·영상 등의 방법으로 종교의식을 생중계하거나 녹화 방송을 내보낼 수 없다."

러시아의 선교환경도 어려워졌다. 미국의 국제인권단체 '프리
덤하우스'는 "러시아정교회에 속하지 않은 신앙을 가진 신자들
은 여전히 박해의 대상이 된다. 신자들은 허가 없이 예배를 위해
모일 경우 처벌을 받으며, 교회는 이유 없이 급습을 당한다. 당
국은 루한스크에서 찬송가, 요한복음 번역본 등 기독교 인쇄물
을 금지했다"고 발표했다.

북한 또한 기독교 박해를 멈춤 없이 더 강화시켜 나가고 있다.
전세계적으로는 볼 때 기독교에 대한 핍박은 점점 더 늘어나고
있는 상황이다. 오픈도어선교회의 월드워치리스트(WWL)에 의
하면 지난해 박해를 경험한 기독교인은 약 3억 6,000만 명에
달한다. 이는 세계 기독교 인구 가운데 7명 중 1명이 박해를 받
고 있다는 뜻이다.

2. 세계 산업구조의 변화

인간의 육체노동과 정신노동 측면에서 산업혁명을 살펴본다
면, 지금은 제6차 산업혁명의 단계로 진입하고 있다고 볼 수 있
다. 1차 혁명은 트럭의 발명으로 한 개인이 하던 육체노동이 극

대화된 시기이고, 2차 혁명은 발전소 건설로 집단이 하던 육체노동이 달라진 시기이며, 3차 혁명은 개인 PC의 발명으로 정신노동의 차원이 달라진 때이고, 4차 혁명은 인공지능(AI)의 발명으로 집단의 정신노동 차원이 달라진 때이고, 5차 혁명은 휴머노이드의 발명으로 개인의 육체와 정신노동이 극대화되는 때이고, 6차 혁명은 스카이넷(영화 터미네이터와 비슷) 등을 통해 집단의 육체와 정신노동이 대체되는 때이다.

이미 AI는 비약적으로 발전되어 엄청난 속도로 문명의 변화를 가져오고 있다. 알파고는 인간의 바둑 경험이 입력된 AI였지만, 결국 인간의 바둑 실력을 앞지르고 말았다. 그런데 알파고는 바둑의 규칙만 가르쳐 자체의 프로그래밍으로 스스로 학습한 알파제로에게 완패했다. 인공지능의 힘이 극대화되고 있는 것이다.

사물인터넷(Internet of Things)으로 스마트 농사, 스마트 시티, 비대면 사회 건설이 실제 이뤄지고 있다. 클라우드(Cloud)를 통해 모든 정보를 소유하고 어플리케이션, 파일 등을 무한 저장하여 사용할 수 있다. 이제는 운영체제까지도 클라우드에 올릴 수 있게 되었다. 빅데이터는 이전의 모든 분석을 하위 분석으로 만들어 버렸다. 글, 사진, 동영상, 이동전화, 카드 사용, CCTV 등 모든 데이터를 분석해 사용할 수 있는 상황이 되었다. 모바일

(Mobile)은 5G로 전환되어 이동 중 문자, 동영상, 인터넷 검색이 가능하게 되었다. 대용량 자료 처리, 화상회의도 할 수 있게 되었다. 챗GPT는 포털의 검색기를 대체하며 인간의 문제에 답변을 내놓기 시작했다.

이제 기독교는 과거의 선교전략을 뛰어넘어 AICBM(인공지능, 사물인터넷, 클라우드, 빅데이터, 모바일)을 활용해 북한선교 플랫폼을 구축할 다음 세대를 세워야 한다. 변화된 산업구조 속에서 소통하며 사역을 일으킬 전략적 지혜를 주님으로부터 받아야 한다.

영국의 경제학자 클라크가 분석한 산업구조의 분류에 따르면, 1차 산업은 원시 산업이며, 2차 산업은 제조·가공 산업이고, 3차 산업은 모든 비물질적 생산물을 생산하는 서비스업이고, 4차 산업은 정보 산업 중심의 서비스 산업이다. 이에 따르면 북한은 1차 산업에서 2차 산업을 향하는 경제 구조를 갖추고 있고, 남한은 3차 산업에서 4차 산업으로의 혁명적 변화에 직면해 있다. 따라서 북한선교전략 차원에서 1~2차 산업구조 속에서 살아온 노년층은 북한과의 소통역할을 감당하고, 3~4차 산업을 지향하는 다음 세대들은 북한선교의 선봉에 선 리더 역할을 감당해야 한다. 결국 모든 세대가 북한선교 사역에 함께 참여해야 한다.

3. 북한의 정책 변화

북한은 분단 이후 수령절대주의체제를 완성해 놓고, 체제 유지를 위해 끊임없이 수령형상을 만들어 내기에 급급하다. 김정은 정권은 최근 주체통치 10대 원칙을 더욱 강화하면서 반동사상문화 배격법(2020)과 청년교양 보장법(2021), 평양문화어 보호법(2023)을 만들었다. 이를 통해 차세대들에게 유입된 한류 등 외부 문화, 종교, 자본주의적 생활방식 등을 뿌리뽑는다면서 체제 단속을 시도하고 있다.

'반동사상문화 배격법'은 한류와 종교, 특히 기독교와 자본주의적 생활방식을 막고 권력 유지에 방해되는 요소를 제거하기 위해 제정한 법이다. 내용은 다음과 같다.

제27조, "남조선(한국) 영화나 록화물(녹화물), 편집물, 도서, 노래, 그림, 사진 같은 것을 보았거나 들었거나 보관 시 5년부터 15년까지의 로동교화형(노동교화형, 징역)에 처한다." 제29조, "성(性) 록화물 또는 미신을 설교한 도서와 사진, 그림을 보았거나 보관한 자는 최소 5년에서 최고 15년까지의 노동교화형에 처한다." 제32조, "남조선식으로 말하거나 글을 쓰거나 남조선 창법으로 노래를 부르거나 남조선 서체로 인쇄물을 만든 자는 노동단련형 또는 2년까지의 노동교화형에 처한다."

총 5장, 45개 조문으로 된 '청년교양 보장법'은 다음 세대에게 주체사상을 더욱 강화하기 위해 교양 증진에 중점을 두는 것이다. '평양문화어 보호법'도 마찬가지다. 북한 주민들이 남한 드라마나 영화를 보면서 남한식 말투를 따라하는 현상을 차단하고, 수령절대주의체제 강화를 위해 주체사상 교육을 더 강력하게 실시하도록 일련의 법들을 제정하며 단속하는 쪽으로 정책이 변화되고 있다. 단속 조직 강화 차원에서 2021년부터 반사회주의, 비사회주의 집중소탕 연합지휘부를 '82연합지휘부'로 바꾸며 보고체계를 일, 주, 월별로 강화했다.

4. 북한의 영적 변화

북한 정권은 하나님의 복을 거부한 견고한 진을 북한체제 전반에 쳐 놓았다. 마르크스-레닌주의의 철학 위에 스탈린주의 수령중심 통치를 선택했고, 종교를 아편으로 취급하며 하나님을 거부한 체제를 세웠다. 또한 포이에르바하의 인간적 유물론과 마르크스의 변증법적 유물론을 변형한 황장엽의 유심론적 변증법을 통해 주체철학을 정립, 인본주의 철학에 기초한 주체사상 국가를 세웠다. 수령절대주의체제(인본주의)로 수령을 신격화하면서 하나님의 복을 수령의 복으로 대체했다.

한반도의 살 길은 하나님이 복을 주시는 것이다.(민 6:24~26) 이스라엘을 지키시는 하나님은 졸지도, 주무시지도 아니하시는 선한 목자시다.(시 121:4) 북한의 수령은 복도 줄 수 없고, 인민을 지켜주지도 못한다. 북한에서의 3복은 수령복(김일성), 장군복(김정일), 대장복(김정은)을 말한다. 대장복(大將福)이란 김정은을 대장으로 모시는 것이 인민의 복이라는 것이다(2010년 9월 27일 김정은이 북한군 대장 칭호를 받으면서 만들어진 용어). 복의 근원은 삼위일체 하나님 한 분 외에는 없다!(시 16:2)

북한이 수령 우상화를 위해 당 선전선동부를 통해 총력을 기울이는 주체문학은 '총서'란 형태로 나오고 있다. 총서는 우상화한 수령의 역사를 총집결해 놓은 책으로 김일성 총서는 '불멸의 역사'라는 제목으로 지금도 계속 출간되고 있다. 최근 '김일성 전집'증보판 제10권(2020년 4월 출판)이 나왔고, 김정일 총서 '불멸의 향도'는 '김정일 전집' 제31권(2020년 8월)으로 출판되었다. 김정은의 위대성과 혁명 업적을 집대성한 총서 '불멸의 려정'의 첫 장편 소설 '부흥'도 나왔다.(2020년 9월) 지금도 북한은 주체문예를 통해 수령을 신격화하는 일을 계속 진행하고 있다.

가나안에 들어가기 전 멸절시켜야 하는 가나안 7족속처럼 한반도 통일과 북한선교를 위해 반드시 멸절시켜야 하는 북한의 영적 어두움 7가지가 있다. 첫째, 북한 사회의 거짓 가정(사회주의 대가정) 둘째, 북한체제의 거짓 통치(사회정치적 생명체) 셋째, 북한이념의 거짓 사상(인본주의 수령절대주의) 넷째, 북한교육의 거짓 선동(수령신화의 혁명역사) 다섯째, 북한경제의 거짓 비전(진화론적 공산세계) 여섯째, 북한국방의 거짓 평화(전략핵 및 전술핵) 일곱째, 북한종교의 거짓 자유(수령종교와 관제종교)이다.

거짓의 아비는 사탄이다. 하나님 나라는 거짓과 공존할 수 없다. 거짓을 행하는 자는 하나님의 집 안에 거주하지 못한다.(시 101:7)

5. 현재 북한 사회의 현실

첫째, 북한 사회는 성분사회다. 북한 사람들에겐 계층이 있다. 북한의 지배계층인 핵심계층이 사는 평양공화국과, 굶고 병들고 고통당하는 주민들인 동요계층이나 적대계층으로 분리된 사람들이 사는 곳으로 나뉘어진다. 출신 성분이 좋은 사람들만이 배급, 교육, 직장 등 모든 영역에서 특별대우를 받는다.

둘째, 북한은 폐쇄사회로 통행의 자유가 없다. 통행증이 없으면 다른 지역으로의 이동이 불가능하다. 평성에서 평양까지 1시간 가는 동안 완전무장한 군인들이 있는 검문소 2~3개를 통과해야 한다.

셋째, 북한은 대규모 식량 지원이 필요한 상황이지만 주민들은 장마당을 통한 상거래로 이전보다는 비교적 더 나은 삶을 누리고 있다. 그들은 만약 식량을 원조받아 배급이 재개되면 극심한 통제와 무서운 억압으로 다시 굶주림이 시작될 것을 우려하고 있다.

넷째, 북한이 자랑하는 무상치료 시스템은 명분뿐이다. 북한의 의료 시스템은 붕괴된 상황이다. 지방에서는 병원 링거병 대신 맥주병, 사이다병을 사용하고 있다. 주사기를 소독해 재사용함으로 주사기를 통한 전염이 일상화되고 있다. 설탕물을 섞어 링거액을 만들고 있고, 수술시 피를 닦는 거즈도 빨아서 쓴다. 환자가 장마당에서 직접 약품을 구입해 치료해야 하는 상황이다. 전기 부족으로 수술시 조명도 제대로 켤 수 없다. 마취제가 없어 급성 맹장병에 걸린 사람도 꽁꽁 묶인 가운데 수술받다 죽어가는 상황이다. 다섯째, 외국인은 북한 주민과 접촉하지 못한다. 외국인은 북한에서 밀착 감시를 받고 허락받은 사람과만 접촉할 수 있다.

Ⅳ. 북한선교 방식의 변화

현재 한국기독교의 북한선교 활동은 북한선교 사역자 양육과 북한선교 준비 등 극히 제한된 상황 속에서 이뤄지고 있다. 그러나 북한선교에서는 소극적인 마지노선 전략이 아니라 공격적 사명 전략을 전개해야 한다.

1. 현재 한국의 북한선교 사역

2000년대 이후 한국교회의 북한선교는 사역자 양육 사역과 북한교회 재건을 위한 지원 준비 사역이 주요 사역으로 진행되고 있다. 교단별, 교회별로 북한교회 재건을 위한 북한선교회를 조직하고 재건기금 적립을 독려하며, 지역별 직접 식량 지원, 북한 지하교회 지도자 및 북한교회 재건 사역자 양성, 통일선교대학 운영, 북한교회 재건을 위한 유산헌납운동, 북한농업 및 사회개발사업 동참 등을 실시하고 있다. 북한선교 단체에서는 연합기도 운동을 펼치는 한편 다양한 학교를 개설해 아카데미, 전략학교, 북한선교학교 등의 이름으로 교육을 실시하고 있다.

2. 전세계인의 북한선교 사역

북미 지역에서는 북한의 인권, 인도적 지원 사역에 관심이 많다. 중남미 지역은 모퉁이돌선교회의 영향을 받아 북한의 지하교회 선교에 관심이 높다. 전반적으로는 인도적 지원에 열심을 내고 있다. 북한의 조그런 지도자들은 남미의 해방신학의 영향을 받은 이들과 우호적 관계를 맺고 있다. 루마니아를 비롯한 동유럽은 사회주의 체제 속에 살았던 경험으로 북한 사람 이해를 통해 북한선교를 위한 기도와 선교동원에 참여하고 있다.

독일을 비롯한 서부 유럽은 북한체제와 교류하면서 관광을 통한 접촉점을 갖고, 인도적 지원에 참여하고 있다. 오세아니아도 인도적 지원과 북한의 나무심기 운동 등에 협조하고 있다. 동남아시아에서는 미션홈 등을 통한 탈북자의 남한 탈출 지원에 협조하는 분위기이고, 아프리카에서는 북한선교를 위한 기도가 진행되고 있다. 개더링(Gathering)을 비롯한 세계적 중보기도 단체들은 국제적인 기도 네트워크를 통해 북한선교를 위한 모임과 포럼, 세미나 등을 개최하고 있다.

3. 적극적인 사명 전략

적극적이고 공격적인 북한선교를 하기 위해서는 북한선교와 선교통일 전문연구기관이 세워져야 한다. 다음 세대 사역자 양성을 위한 집중 훈련도 필요하다. 또한 변화된 세계를 인식하고 전략적 북한선교 연구를 위해 앞서 말한 AICBM을 활용할 수 있어야 한다. 북한의 현실에 대한 정확한 이해가 필요하며, 전 세대가 연합해야 한다. 또한 다음 세대들이 북한선교 전 과정에 적극적으로 투입되어야 한다.

북한선교를 위해서는 무엇보다 다음과 같은 사항들을 유념해야 한다. 첫째, 북한선교 사역자들은 복음 선교에 대한 소명과 선교통일에 대한 확신을 가져야 한다. 둘째, 북한의 체제, 주민들의 영적 상태와 현실 상태, 세계 변화에 대한 정확한 이해 속에서 선교사역이 진행되어야 한다. 셋째, 핍박지역인 북한에서는 비상시 선교전략과 비거주 선교전략, 비대면 선교전략을 추진해야 한다. 넷째, 각기 은사를 따라 멈추지 말고 지속적으로 북한선교를 시도해야 한다. 다섯째, 북한선교의 연속성을 위해 다음 세대를 일으켜야 한다.

북한선교의 전 과정은 치열한 영적 전쟁을 치르는 것과 같다. 영적 전쟁을 제대로 치르기 위해서는 가나안을 정탐하고 점령

한 여호수아와 갈렙과 같은 믿음이 있어야 하며, 다윗처럼 하나
님 앞에 간절히 기도해야 한다.(시 63:1)

북한선교의 영적 전투

08

제 8 강

북한선교의 영적 전투

미지의 땅으로 선교의 지형을 확장하는 비전의 성취 과정에는 복음을 위해 받는 고난과 방해자의 훼방, 조롱과 비난이 따르기 마련이며 반드시 영적 전쟁을 치러야 한다. 하지만 이런 모든 난관 속에서도 변론하고 강론하는 일을 계속할 때 영적 지경은 넓어지고 복음화의 역사는 일어난다.(행 16~19장, 사도 바울의 유럽전도) 북한선교는 미지의 땅에 선교 지형을 확장하는 사역이다.

I 비전 성취와 박해

비전 없이 북한선교를 시작할 수 없다. 비전 성취를 위해 일하는 자의 사역 속에는 영적 싸움, 박해가 있다. 분단 이후 지금까지 북한에서는 박해가 계속되고 있다.

1. 세계 기독교 박해 현황

현재 세계적 기독교 박해 상황을 살펴보면 세 가지 양상이 확연히 드러난다. 첫째, 박해의 적극성이다. 미국이 철수한 아프가니스탄은 2022년 오픈도어의 발표에서 박해 1위 국가가 되었다. 폭력적인 이슬람 극단주의자인 탈레반은 기독교인 명단을 확보한 후 전국적인 수색작업을 벌여 처벌했다. 2023년 오픈도어는 WWL(World Watch List)에서 지난 1년간 전세계에서 박해를 받은 기독교인은 3억 5,943만여 명이라고 발표했다. 기독교인 7명 중 1명이 박해를 받고 있는 것이다.

둘째, 순교자의 증가다. 통계에 잡힌 순교자의 숫자가 2020년에는 4,791명인데, 2021년에는 5,898명, 2022년에는 6,000여명으로 늘어났다.

셋째, 온라인 선교의 제재다. 중국은 보안 카메라로 중국 전역의 감시망 체계를 강화해 언제든지 선교사들을 찾아내 출국시킬 수 있다. 온라인상에서도 성경 앱이나 기독교 콘텐츠를 삭제하며 선교의 길을 막고 있다. 아울러 방송 선교도 감시하며 통제하고 있는데, 이러한 박해는 라오스, 파키스탄, 사우디아라비아

등으로 확산 중이다.

2. 북한의 박해 현황

북한의 기독교 박해는 세계에서 가장 심하다. 2023년 발표된 오픈도어의 WWL에 의하면 북한은 박해지수 98로 전 세계 1위 박해국이다. 오픈도어는 "북한이 코로나 방역수칙과 반동사상 문화 배격법을 근거로 한 소탕 작전과 단속을 더욱 강화했고, 이 때문에 지하교회 성도들이 더욱 가혹한 위협과 처벌의 위험을 감수하고 있다"고 발표했다. 6·25전쟁 이후 1958년 중앙당 집중 지도로 지하교인을 수색, 처단하기 시작한 북한이 1970년대를 거쳐 지금까지 박해를 계속하고 있는 것이다.

순교자의 숫자도 계속 늘어나고 있다. 2002년에는 함경북도 무산에서 일가족 10여 명이 성경을 배포하다가 붙잡혀 아버지는 국가반역죄로 사형을 당하고 가족들은 정치범수용소에 갇혔다. 2005년에는 극동방송을 청취하며 신앙생활을 하던 평안남도 남포시 주민 102명이 적발되어 40명은 총살당하고, 62명은 요덕15호 관리소로 잡혀갔다. 북한은 오픈도어가 기독교 박해에 대한 조사를 실시한 이후 가장 오랫동안 적극적인 박해 국가로 지목되어 왔다. 일반인들의 인터넷 사용을 금지하고 인트라넷만 허용하며 적극적 감시 시스템으로 온라인 선교를 막고 있다. 그러므로 북한선교는 가장 치열한 영적 전투일 수밖에 없다. 북한선교 현장은 거짓과 우상과의 싸움이 있는 영적 전쟁터다. 그러나 그곳은 분단의 상처를 치유하고 화해를 이루는 장이며, 공중권세 잡은 자를 결박하고 성령의 권능이 역사하는 기적의 장이다.

II 영적 전투의 장

"우리의 씨름은 혈과 육을 상대하는 것이 아니요 통치자들과 권세들과 이 어둠의 세상 주관자들과 하늘에 있는 악의 영들을 상대함이라"(엡 6:12)

이 말씀대로, 북한선교에서의 영적 전투는 진리를 가리고 왜곡시키며, 허위를 진리로 변질시키는 정사와 권세와 어두움의 세상 주관자들과 악의 영들과의 전투다.

1. 거짓과의 싸움

북한에서는 백두혈통으로서의 수령이 진리이고, 수령의 교시가 진리이며, 수령의 삶이 진리이다. 수령은 전능의 힘을 갖고 있기에 수령이 이끄는 대로 가면 지상낙원에 이른다고 선전, 선동한다. 이는 거짓이다. 예수님(Being)이 진리이고(요 14:6), 예수님의 삶(Doing)이 진리이다.(막 1:15) 예수님 안에 능치 못할 것이 없는 힘이 있고(막 9:23), 예수님이 이끄는 대로 가야 낙원에 이르게 된다.(눅 23:39~43) 예수님의 존재와 사역을 아는 것이 진리를 아는 것이고, 진리를 알 때 자유케 되며(요 8:32), 이 진리의 복음이 북한 주민을 구원으로 인도하는 능력이 된다.(롬 1:16)

북한선교의 현장 속에서 우리는 세 가지 진리 전쟁을 해야 한다.

첫째, 미혹의 영과의 싸움이다. 대적자들은 복음의 영광이 드러나지 못하도록 거짓 선지자들을 통해 진리를 왜곡한다.(고후 4:3~4, 요일 4:1) 북한 체제 내 교회 지도자들은 '수령 3대를 믿는 것이 예수를 믿는 것'이라며 거짓 선지자 노릇을 하고 있다. 평양신학교 교수 이성숙 목사는 '어버이 수령님을 잘 받들어 섬기는 것이 곧 하나님을 잘 섬기는 것'이라는 논리를 펼친다. 평양신학교에서 기독교 역사를 가르치는 박승덕은 기독교의 역사적 형태를 3가지로 구분한다. 노예와 빈민들의 해방을 위한 원시 기독교, 로마 콘스탄틴 황제 이후 착취 지배계급의 이익에 복무한 기독교, 착취받고 억압받는 민중을 구원하고 해방시키는 기독교(해방신학, 민중신학)다. 이 세 형태의 기독교 가운데 북한 체제가 인정하는 기독교는 해방신학, 민중신학과 맥을 같이 하고 있다고 말한다('기독교에 대한 주체사상의 새로운 관점', 북미주 기독학자회 편 '기독교와 주체사상' 1993). 이렇게 믿음에서 떠나도록 미혹하는 영과 귀신의 가르침을 따르게 하는 어두움의 세력과 싸워야 한다.(딤전 4:1)

2. 우상과의 싸움

두 번째 진리 전쟁은 우상과의 싸움이다. 북한은 수령 우상화를 위해 70년간 국가 예산의 40%를 사용했다. 주체문예를 활용해 해방신화, 승리신화, 통일신화, 낙원신화, 세습신화 등 조작된 수령 5대 신화를 만들었다. 헌법과 당 규약의 상위법으로 10대 원칙을 만들어 수령만 절대적 존재로 경외하게 했다. 또한 조작된 김일성, 김정일, 김정숙의 혁명 역사를 강제 교육하고, 수령 총서(김일성, 김정일, 김정은)를 발간해 경전처럼 받들게 했다. 새벽참배, 생활총화, 월요강연회, 수요강론회, 토요학습회, 수령 찬양대회 등을 만들어 수령만을 따르는 삶을 살도록 했다. 북한 전역에 수령 동상, 주체사상탑, 영생탑을 세우고 가정마다 수령 사진을 모시게 했다. 가슴에는 수령 휘장을 만들어 달게 했고,

평양의 수령태양궁전을 성지로 만들고, 총 5장 40조 항으로 된 '금수산 태양궁전 법'까지 제정했다.

"주체의 최고성지인 금수산 태양궁전을 전체 조선 민족의 태양 성지로 영원히 보존하고 길이 빛내이는데 이바지"(1장 제1조)하고, "위대한 김일성 동지와 김정일 동지께서 생전의 모습으로 계시는 금수산 태양궁전은 수령 영생의 대기념비이며 전체 조선 민족의 존엄의 상징이고 영원한 성지(1장 제3조, 제5조)"다('금수산 태양궁전 법', 2014년 4월 1일 제정).

결국 북한선교는 말씀으로 우상을 파하는 사역이다.

3. 인본주의 철학과의 싸움

세 번째 진리 전쟁은 인본주의 철학과의 싸움이다. 북한 주민들의 삶을 통제하는 행동철학은 주체사상이다.

"이 사상을 통해 북한 땅의 인민이 해방되고, 축복받은 이상사회를 성공적으로 건설했다는 사실에서 주체사상의 위대성이 입증되었다. 주체사상은 모든 사대주의와 외세 간섭을 배격하고, 인민의 자주적인 힘을 통해 스스로 미래를 개척할 수 있는 길을 열어주었다. 인민이 곧 역사의 주인공이며 자신의 운명 결정자다. 주체사상은 인민과 인민 행동의 철학이다."('주체철

학입문', 평양사회과학원, 1988)

북한 정권이 주체사상에 갈수록 더 목숨을 거는 이유는 구소련과 동구라파가 무너진 이유를 사상의 결여 때문이라고 보기 때문이다.

"구소련이나 동구라파에서 공산주의 체제가 잘 기능하다가 붕괴됐는데, 결코 자본주의의 우수성 때문에 그렇게 된 것이 아니었다. 구소련이나 동구라파 나라들 내부에 사회주의 체제를 효과적으로 이끌어갈 운영 이념이 없었기 때문이다."(박승덕 주체사상연구소 소장, 평양신학원 철학사와 기독교 사상 강의)

주체사상은 철저하게 인간중심 철학이며 인간을 높이는 인본주의 사상이다. "인간의 역사적 중심성을 높이고, 인간이 만물의 주관자요 결정자라는 철학적 논리에 기초한 것이 곧 주체사상이다."('위대한 주체사상', 이성준, 평양사회과학원, 1985)

그러므로 북한선교는 인간중심주의(Anthropocentrism)와의 영적 싸움이다. 인간중심주의자들은 무지한 말로 이치를 어둡게 하는 대신 인간이 어디에서부터 시작되었고, 어떻게 창조되었는지 대답할 수 있어야 한다.(욥 38:2~7) 또한 자신들에 대한 하나님의 심판(창 11:1~9)을 염두에 두고 오직 구원자로 오신 예수가 진리임을 시인해야 한다.(요 14:6, 행 4:12, 요 3:16)

1981년 출간된 '현대 조선말 사전'은 성경을 '기독교의 거짓된 종교 진리를 담은 책'이라고 정의했다. 구약성경을 '비과학적인 허황된 거짓으로 엮어져 있는 책'이라고 규정하고, 복음서를 '구세주의 은혜나 구원에 대해 쓴 책으로 사람들을 속이며 사상의식을 마비시키는데 이용된다'고 적시했다.

1992년 종교정책이 변화되자 '조선말 대사전'에서는 구약성경을 '하느님의 언약을 담은 거룩한 글이라는 뜻으로 예수 출생 이전의 천지창조설과 인류의 번성역사, 예언자들을 통하여 주어진 하느님의 언약을 기록했다는 책'이라고 했고, 복음서를 '기독교에서 구세주의 은혜나 구원에 대하여 썼다고 하는 책'이라고 했다. 북한에 종교의 자유가 있으며, 자신들이 종교에 대해 객관적 시각을 갖고 있다는 것을 드러내기 위해 이렇게 수정해 놓았지만, 북한 주민들에게 이미 각인된 '기독교는 거짓된 종교'라는 의식은 여전히 수정되지 않고 있다.

III. 치유와 화해의 장

억압과 멍에로부터 자유를 주실 수 있는 분은 예수님뿐이시다.(요 8:32, 마 11:28) 전쟁과 분단으로 입은 마음의 상처를 치유하고 화해케 하실 수 있는 분은 오직 한 분, 예수님이시다.(마 20:28, 막 10:45)

1. 치유의 장

북한선교는 흉악의 결박을 풀어주고, 멍에의 줄을 끌러주며, 압제당하는 자를 자유하게 하는 회복의 사역이다. 수령과 당이 북한 주민에게 채운 수령 족쇄와 성분의 결박을 복음으로 풀어주어야 한다.(사 58:6~7, 10)

북한 주민들은 각종 동맹과 장기 군복무에 결박되고, 대규모 돌파형 대중운동과 일상형 대중운동의 속도전(150일, 100일 전투) 등 노력 동원의 멍에에 결박되어 있다. 흉악의 결박과 멍에와 압제를 풀어줘야 한다.

북한 주민은 우리의 골육이다. 골육을 피하여 숨지 말아야 한다.(롬 9:1~2) 바울이 40에 하나 감한 매를 다섯 번이나 맞으면서도 유대인 선교를 포기하지 않은 것과 죽음을 불사하고서라도 예루살렘 주민들을 돕기 위해 예루살렘에 간 것을 기억해야 한다. 북한선교는 예수의 사랑으로 북한 주민의 눈물을 닦아 주는 치유의 장을 여는 것이다

2. 화해의 장

화해 공동체는 삼위일체 하나님의 역사로 이루어지는 공동체로 하나님과의 관계가 회복된 공의 공동체, 주 안에서 이웃과의 관계가 회복된 사랑 공동체, 성령의 역사로 하나 되는 은혜 공동체다. 이 공동체는 주가 받으시는 공동체이며, 이웃사랑 실천 공동체이다.

주가 받으시는 공동체는 속죄받은 공동체(겔 45:20)이고, 주가 받으시는 예배를 드리는 정의로운 공동체(암 5:21~24)이며, 사랑 공동체(호 6:6)이고, 정의, 인자, 겸손으로 주와 동행하는 공동체(미 6:6~8)이다.

이웃사랑 실천 공동체는 용서(레 19:17~18)와 화목(고후 5:18~19), 용납(마 5:38~46)의 복음이 있는 공동체다. 남북이 하나 되기 위해서는 그리스도 예수 안에서 통일되게 하심을 믿고(엡 1:10), 예수 안에서 원수 된 것을 십자가로 소멸시켜야 한다.(엡 2:14~16)

3. 공감의 장

북한선교가 이뤄지려면 북한 사회에 대한 이해를 통해 북한 주민과 공감하며 소통할 수 있어야 한다. 북한 주민들은 오랜 가난에 익숙해져 있다. 그래서 다음과 같은 유머를 나눈다.

> 거울 앞에 서서 빵을 먹는 철식에게 미숙이 물었다. "너는 왜 거울을 보면서 빵을 먹니?" "거울 속의 빵도 먹느라고 그런다. 거울을 보면서 먹으면 빵을 두 개 먹는 셈이니까, 배가 부르거든."
> 먹을 량식이 떨어진 한 량반이 친구의 집에 쌀을 꾸어달라고 편지를 하였는데 글을 모르는 그는 종이에 쌀섬 하나를 그려 보냈다. 답장이 왔는데 종이에는 방울 두 개가 그려져 있었다. 이것을 본 마누라는 무슨 내용인지 리해가 안 가서 남편에게 물었다. "무슨 답장이 이렇소?" "그것도 몰라? 자기 집에도 량식이 떨어져 달랑달랑하니까 못 꾸어주겠다는 말이지"('북한 유머', 김용, 91년 탈북)

북한선교는 우리를 박해하는 자를 축복하고, 즐거워하는 자들과 함께 즐거워하고, 우는 자들과 함께 우는 것이다.(롬 12:14~15) 북한선교는 북한 주민들의 아픔에 공감하면서 자신의 의를 드러내지 않는 구제(마 6:1), 주님이 사랑한 것과 같은 사랑

(요 13:34), 실천적 구제(신 14:28~29, 26:12~13)가 일상이 된 자들을 통해 이루어질 수 있는 사역이다.

IV. 성령의 권능이 임하는 기적의 현장

북한선교 현장은 하나님의 권능으로 싸우는 장이며, 하나님의 역사가 나타나는 기적의 장이다. 고난의 행군 기간 수많은 북한 주민들이 생존을 위해 조중 접경지대를 통해 중국으로 탈북했다. 이때 이들을 찾아가 사역을 한 최광 선교사는 현장의 이야기를 요약한 스터디 가이드북 '내래 죽어도 전하겠습니다'(생명의 말씀사)를 출간했다.

1. 성령의 능력 체험

최광 선교사의 책에는 북한선교 현장에서 성령의 권능으로 영적 전쟁을 치르며 체험한 기적이 다음과 같이 담겨 있다.

첫째, 군대 귀신을 몰아내는 축귀 역사의 체험이다. 귀신 들린 사람은 성경을 한번 읽고 줄줄 암송하며 예언까지 한다. 성경을 작위적으로 해석해 사역 공동체를 흔들려고 할 때, 3일간 작정 금식을 하고 천불산에서 철야 기도하자 귀신이 쫓겨났다. 그 귀신들린 사람은 축귀 후 충직한 일꾼으로 변했다.

둘째, 믿음의 기도 응답 체험이다. 탈북자들의 사역 처소를 구하기 위해 리더가 방황할 때, 중국어를 전혀 못 하는 이순홍 목사가 큰길 사거리 앞에 멈추어 서서 큰 소리로 기도하자 곧바로 적절한 집을 구하게 되었다.

셋째는 옥문이 열리는 기적이다. 바울 선생의 사역 처소에 들이닥친 공안에 붙잡힌 탈북자들이 감옥에 갇혔다. 그때 한 탈북자가 하모니카로 '천부여 의지 없어서'를 불었고, 형제들이 조용히 따라 부르며 하나님께 살려달라고 눈물로 기도하자 기적적으로 감옥에서 풀려나게 되었다.

넷째는 중국 공안과 북한 보위부 특무로부터 하나님이 보호해 주신 기적이다. 탈북자 사역 처소에서 구창안 목사가 교회사 강의 중 '학생들을 데리고 빨리 나가라'는 마음 속 소리를 들었다. 곧바로 학생들을 대피시켰는데, 채 몇 분이 안 되어 공안들이 들이닥쳤다.

다섯째, 성령의 강한 역사를 체험한 기적이다. 미션홈에서 탈북자들에게 신약 70~100독, 구약 30독을 하게 하고, 400~500 구절의 말씀을 암송시키면서 영성 강의를 듣게 하고 회개기도를 하게 했다. 그러자 성령이 급하고 강한 바람처럼 모든 학생에게 임했다. 탈북자들이 성령 충만하여 '이 시간도 북한으로'라는 찬양을 부르면서 북한선교 사역자로 결단했다.

"오늘도 멀리 타향 길에서 복음을 안고서 예수님 십자가 그 사랑 전하러 가노라. 어려운 상황 속에서도 주님은 인도하시네. 흰 눈길 밟아가면서 이 시간도 북한으로."(1절)
(김철수 작사, 작곡의 찬양으로 그는 40일 금식기도 후 주광호 선생에게 이 노래를 가르쳤다. 그 후, 북한으로 들어가 순교했다. 최광 선교사는 이 노래를 주광호 선생에게 배워 미션홈에서 불렀다고 한다.)

그 외에도 축귀와 치유의 기적들이 현장에서 수없이 일어났다. 북한선교는 사람의 힘과 능력으로 하는 사역이 아니다. 영적 싸움에서 성령의 권능이 임하여 기적을 경험하는 장이 북한선교의 현장이다.

2, 하나님 말씀의 능력

우리는 얼마만큼의 에너지로 북한선교를 위해 영적 싸움을 싸우고 있는지 깊이 생각해야 한다. 북한선교는 어둠의 영과의 싸움이고, 우상과의 싸움이다. 하나님 외에 다른 신은 없다! 북한의 수령은 결코 전능자가 아니며, 영생을 주는 자도 아니다. 우리는 다윗처럼 외쳐야 한다.

> "여호와 외에 누가 하나님이며 우리 하나님 외에 누가 반석이냐"
>
> (삼하 22:32, 시 18:31)

우리는 한나처럼 고백해야 한다.

> "여호와와 같이 거룩하신 이가 없으시니 이는 주 밖에 다른 이가 없고 우리 하나님 같은 반석도 없으심이니이다"(삼상 2:2)

우리는 이사야처럼 선포해야 한다.

> "나는 여호와라 나 외에 다른 이가 없나니 나 밖에 신이 없느니라"
>
> (사 45:5).

하늘과 땅에 오직 여호와만이 하나님이시며 다른 신은 없다는 점을 명심해야 한다.(신 4:39) 오직 여호와만이 유일한 하나님이시다.(신 6:4) 영적 싸움은 오직 하나님의 능력으로 싸워야 한다.(고후 10:4~5) 우리에게 주신 믿음을 통해 성령의 권능으로 싸우는 것이다. 주의 권능이 충만할 때, 북한선교는 이루어진다. 북한의 구원은 하나님의 전적 은혜로 이루어진다. 구원의 근거와 원인은 하나님의 전적 은혜로 말미암는 것이고, 믿음은 구원을 받아들이는 도구다.

3. 영적 전투를 위한 무장

영적 전투에서 승리하기 위해서는 믿음이 있어야 한다. 그 믿음은 '여호와 닛시'의 믿음이다. 믿음의 방패를 들고 적의 화전을 막아내야 한다. 믿음의 조상 아브라함의 믿음으로 무장해야 한다. 그 믿음은 무엇인가?

첫째, 아브라함이 가진 복음 신앙이다. 말씀을 믿을 때, 의롭다 함을 얻는 복음 신앙이 있어야 한다.(창 15:6, 갈 3:6~9)

둘째, 주가 계시해 주시는 역사의 섭리를 수용하는 신앙이다. 갈 바를 알지 못하더라도 주가 지시하는 대로 순종하고(창 12:1~3), 자신은 알 수 없지만 여호와께서 하시고자 하시는 일들이 수백 년 후에 이뤄질 역사의 섭리(창 15:13~16)든 당장 눈앞에 일어날 일이든(창 18:17) 수용하고 받아들이는 신앙이다. 북한선교는 땅끝까지 역사하는 하나님의 섭리 가운데 반드시 성취될 사역이다.(행 1:8)

셋째, 하나님의 언약을 지키는 신앙이다. 하나님은 나이 99세의 아브라함에게 할례를 행할 것을 요구한다. 피의 언약을 맺고 지키라는 것이다. 하나님의 역사는 사람들의 노력의 결과물로 이루어지는 것이 아님을 알려주신다(이스마엘). 전능자의 능력으로 아브라함을 통해 약속을 성취하시겠다는 것이다(이삭). 북한선교는 이스마엘이 아니라 이삭으로 성취되는 사역이다.

넷째, 주의 말씀에 즉각 헌신하는 신앙이다. 아들 이삭을 번제로 드리라고 할 때(창 22장) 주저함 없이 독자 이삭을 아끼지 아니함을 보신 하나님은 아브라함의 믿음을 인정하신다.(창 22:12) 북한선교는 이삭을 바치는 헌신으로 이뤄지는 선교며, 여호와 이레의 축복을 누리는 선교다.

북한선교는 진리와 거짓의 싸움이며, 예수의 이름과 성령의 권능으로 한반도에서 우상을 몰아내는 싸움이다. 북한선교를 위한 영적 싸움을 하는 자들은 말씀(롬 16:17~20, 엡 6:10~20)을 붙들고 매일 기도해야 한다. 그리하여 영적 싸움에서 이기는 자가 되어야 한다.

오늘날 북한 선교사는

바울이 오네시모를

자유케 하기 위해 빌레몬과

오네시모를 화해시킨 것처럼

화목케 하는 사역을 해야 한다.

북한 주민의 가슴 속에 복음이 들어간다면

그가 보위부원이든 당 간부이든

그 사회 속에서 더 이상 북한 주민을

신분제도의 틀 속에 가두지 않고

형제로 여기면서 함께 주를 위한 사역을

행해 나갈 수 있다.

전략적 북한선교

09

제 9 강

전략적 북한선교

전략(strategy, 戰略)은 전쟁에서 이기기 위한 전투 활용법이
라 할 수 있으며, 전투의 준비행위로서 병력을 유리한 위치에 배
치하는 문제를 다룬다. 작전 목적을 수행하는 데 있어 부대나 개
인을 가장 효율적인 방법으로 배치·기동·운영하는 방법과 기술
을 지칭한다. 휴전 이후 '전략 전쟁'중인 한반도 땅에서 북한선
교를 실행하기 위해서는 한국교회의 물적 자산과 영적 자산, 인
적 자산에 대한 선교전략을 세워 전략적 북한선교를 실시해야
한다.

Ⅰ. 전략 전쟁

1. 이데올로기(ideology) 전략 전쟁

세계는 지금 자유 진영과 사회주의 진영으로 나뉘어 이데올로기 전략 전쟁 중이다. 자유주의 진영의 미국은 인도-태평양 전략으로 민주주의와 인권, 가치외교를 통해 동맹국 관계를 강화하면서 다자주의 외교전략을 쓰고 있다. 쿼드(4자안보대화, Quadrilateral Security Dialogue, QSD/Quad) 전략이다. 2007년부터 미국·일본·인도·오스트레일리아 4개국의 정기적인 정상회담, 정보 교환 및 회원국 간 군사훈련에 의해 유지된 전략 대화가 국제기구로 발전한 것이다. 인권과 민주주의 등 보편적 가치, 안보, 기술, 사이버, 백신, 인도적 지원 등 전방위로 협력이 확대되고 있다.

미국은 아프가니스탄 철수 이후 인도, 태평양 등에 자원과 병력을 집중하고 있다. 미국은 또 '쿼드 플러스'로 베트남, 뉴질랜드, 한국을 언급하고 있다. D10(Democracies 10) 동맹체 필요성도 강조하고 있는데, 이는 민주주의 국가이면서 경제성장에 성공한 G7에 한국, 호주, 인도를 포함시킨 국제 공동체이다.

사회주의 진영에서는 중국이 일대일로(一帶一路, One Belt

One Road)와 양 날개(兩翼) 전략을 쓰고 있다. 일대일로는 시진핑이 2013년 9~10월 중앙아시아 및 동남아시아 순방에서 처음 제시한 전략으로, 중국을 중심으로 육·해상 실크로드 주변의 60여 개국을 포함한 거대 경제권을 형성하는 것이다. 그리고 양 날개 전략은, 동쪽 지역은 한반도를 중심으로 일대일로와 연계해 남-북-중 3자, 남-북-중-러 4자 협력 추진을, 서쪽 지역은 신장(新疆)을 중심으로 일대일로와 연계해 중국-파키스탄-아프간 3자, 중국-파키스탄-아프간-이란 4자 간 협력을 하는 것이다.

2. 전략무기체계(strategic weapons system)

적의 군사적, 정치적, 경제적 기반을 공격하는 무기체계를 전략무기체계라고 한다. 전략무기체계는 한 국가의 모든 시설과 기관을 파괴하는 무기 시스템을 말한다. 북한은 지금 핵폭탄 무기체계와 핵폭탄을 탑재한 탄두의 수송수단 체계까지 포함하는 시스템을 구축하고 있다. 수송수단 체계는 대륙간탄도미사일(ICBM), 중거리탄도미사일(IRBM), 잠수함탄도미사일(SLBM), 장거리중폭격기, 순항미사일 등을 말한다. 현재 공식적으로는 미국, 러시아, 중국, 영국, 프랑스 등이 전략무기체계를 갖추었고, 비공식적으로는 인도, 파키스탄, 이스라엘이 전략무기체계를 갖추고 있는 것으로 알려져 있다.

　기독교의 전략무기는 하나님의 말씀이며, 수송수단은 교회와 선교단체이고, 전략무기체계는 하나님 나라 체계이다.

Ⅱ. 선교전략 수립

　하나님은 우리에게 전략으로 싸울 것을 말씀하신다.

　　"너는 전략으로 싸우라 승리는 지략의 많음에 있느니라"(잠 24:6)

　전략적 북한선교를 위해서는 북한선교의 전반적인 국면 이해와 다양한 북한선교 사역의 전략적 배치 그리고 북한체제 속에서의 전략적 선교와 주체사상화 정도에 따른 전략적 선교를 연구해야 한다. 다음 세대에 대한 이해와 그들에 대한 선교전략도 필요하다. 그리고 이 모든 전략을 수립함에 있어서는 복음적 기준이 적용되어야 한다.

1. 예수님의 선교전략

복음서에 기록된 예수님의 선교전략은 성육신 선교전략이다.(빌 2:5~11) 예수님은 우리와 소통하시며, 이 땅에서 아버지의 뜻을 이루기 위해 성육신하셨다. 예수님은 우리 인간과 소통하시면서 주의 뜻을 이루기 위해 겟세마네 동산에서 피땀을 흘리며 기도하셨다. 기도 내용은 '내 원대로 마옵시고 아버지의 원이 이루어지기를 원합니다'였다.

예수님의 선교 내용은 복음 선포(막 1:15)이며, 사역 방법은 능력(행 1:8)과 권세(요 1:12)였다. 제자를 양육하시되 부르심(무조건적, 자기 십자가와 자기 부인)과 세우심(가르침과 본), 보내심(마 28:18~20, 행 1:8)의 사역 시스템을 통해 모든 민족, 땅끝까지 선교하는 것이었다. 이때 선교의 핵심기관으로 믿음의 고백 위에 교회를 세우시고(마 16:16~18) 목양을 요구하시면서 '내 양, 어린양을 먹이고 치라'(요 21:15~17)고 하셨다.

2. 바울의 선교전략

사도 바울의 선교는 첫째, 성령이 인도하시는 지역 중심 선교다. 하나님의 선택(행 9:15, 22:21, 26:17)과 성령의 보내심(행

13:3, 16:6)에 순종하여 주요 전략 요충지와 회당을 대상으로 순교적 각오로 선교 사명을 감당했다.(행 20:24) 둘째, 확실하게 복음을 선포하고 토착 교회를 세워 토착민에게 리더십을 넘겨주고 자립하도록 이끌었다.(고전 2:1~2, 15:1) 셋째, 하나님의 사람을 세우기 위해 제자 양육(고전 11:1, 행 19:7)과 목양 훈련(디모데, 실라, 디도, 누가, 빌레몬, 브리스길라, 아굴라, 오네시모)을 실시했다. 이를 통해 하나님의 사람을 세웠다.

그리고 가정교회 사역을 통해 이들을 양육했다. 그 결과 라오디게아 눔바의 집(골 4:15)과 두아디라 루디아의 집(행 16:40), 아시아의 아굴라와 브리스가의 집(고전 16:19)이 세워졌다. 넷째, 동역자와 함께 선교했다.(행 20:4, 로마서 16장에서 27명의 동역자 명단) 동역자와 함께하며 다음 세대를 이어갈 하나님의 사람들을 세웠다.

바울은 유대인과 이방인의 '두 경로(track) 선교전략'을 실시했다. 디아스포라 회당을 중심으로 유대인 선교를 위한 전략을 실시했다. 이때 회당에서 예수 그리스도를 증거하다 성경 모독죄로 사십에 하나 감하는 매를 무려 다섯 차례나 맞으면서도 로마 시민권을 내놓지 않은 것은 이방인이 아니라 유대인으로 회당에 들어가기 위해서였다. 바울은 이방인 선교사의 사명을 받았음에도 불구하고 동족 유대인을 포기하지 않고 계속 회당으로 들어가 전도했다.

또한 유대인이 가뭄으로 어려워지자 유대인을 지원하기 위해 이방지역의 교회에서 구제금을 모아 예루살렘교회를 찾아갔다. 이방인 선교전략은 수리아의 안디옥교회(베이스 캠프)를 중심으로 1~3차 선교여행을 실시하되, 철저하게 성령의 인도하심을 따라 환상과 비전에 순종하는 것이었다. 그 결과 소아시아 개척 전도, 유럽(마케도니아) 개척 전도(행 16:8~10 드로아 환상)를 통해 기독교 지형을 넓혔다. 그 후, 소아시아와 유럽 전도지를 재방문하여 동역자를 세우는 선교를 실시했고, 이후 로마까지 갔다.

III. 한국교회의 북한선교 전략

한국에 온 선교사들은 초기부터 네비우스 선교전략을 활용해 교회를 세웠다. 이렇게 세워진 교회의 선교전략도 네비우스 선교전략을 따르는 경향이 강하다. 개별 교회의 북한선교도 예외는 아니다.

1. 네비우스 선교전략

초기 한국 선교에서 도입한 전략은 네비우스 선교전략이다. 초기에 우리나라에 들어온 선교사들은 중국에서 활동하던 네비우스를 초청해 선교전략을 듣고 그 전략을 따랐다. 네비우스 선교전략은 자립(self support), 자전(self propagation), 자치(self government)의 3자(自) 원리 선교전략이다. 네비우스 전략은 한국교회 토착화와 성장에 크게 기여했다. 미국의 한 기자는 당시의 상황을 이렇게 기술했다.

> "복음전파의 흐름이 너무 강해서 선교사들이 더 이상 복음전도에 시간을 할애할 필요가 없었다. 그들은 토착 한국인에 의한 회심자들의 행렬을 따라가기에도 바빴다. 모든 그리스도인은 복음 전도자가 되었다."

자립, 자전, 자치 전략이 효율적으로 작동된 것이다. 하지만 한국전쟁 이후 자급자족의 원칙이 일시 중단되었다. 경제적 어려움 속에서 상호협력이 필요했기 때문이다. 네비우스 선교전략의 자치와 자전 전략은 그대로 실시하되 독자적인 자립(independence) 전략보다는 상호협력 전략을 구사해야 했다. 이후 경제성장이 이루어지자 네비우스 전략을 그대로 실시했고, 북한선교도 같은 맥락에서 진행했다. 코로나19 이후 교회는 다시 경제적 자급자족의 원칙을 수정해야 할 상황이다. 통합(integration)과 상호의존(interdependence) 전략이 필요한 시기다.

2. 시대적 북한선교 전략

남북분단 이후 반공과 통일기도 선교기(1945~1972년)에는 소극적 선교로 공산주의자들을 대적하는 반공통일 기도회가 사역의 중심이었다. 그리고 평화와 통일선교 접근기(1972~1987년)에는 적극적으로 평화통일을 위한 선교를 모색했다. 북한의 체제 내 교회와 접촉하며 선교하는 선교전략을 시도했다. 북한의 고난의 행군 기간은 섬김과 복지선교 활동기(1988~1997년)로 북한에 대한 인도적 지원을 중심으로 기독교 NGO 활동이나 지원을 통해 긍정적 차원의 북한선교를 실시했다.

그 이후 북한선교 선교사 양육 및 연합 기도기(1998~2000년대)에는 북한선교 인적 동원을 위한 교육과 연합기도회를 활성화시키는 일에 선교적 에너지를 집중했다. 이때 북한인권 사역에도 관심을 기울였다. 북한선교 단체 간의 연합 및 통일 지도자 양성기(2000~현재)에는 북한선교 학교와 포럼, 세미나, 학회 등을 통한 연합과 통일 지도자를 양성하기 위한 사역에 집중했다. 현재는 인도적 지원과 인권 사역의 거리를 줄이면서 북한선교 인력의 저변을 확대하기 위한 선교전략을 실시하고 있다.

3. 현재 남한의 북한선교 전략

한국교회의 북한선교 전략은 개별 교회나 교단, 선교단체의 선교 원칙에 따라 실시되었기에 합의된 선교전략 없이 실행되었다. 주로 복음주의 교단에서는 인권과 복음전도 차원의 전략을 구사했고, 진보 교단에서는 인도적 지원의 선교전략을 사용했다. 통일 이후 북한에 교회를 세우는 문제에 대해서는, 분단 전 북한에 세워졌던 교회를 교단 차원에서 파악하여 남한의 각 교회에 입양케 했다. 통일 후 북한교회 재건을 위한 건축헌금을 비축하는 선교전략도 있었다. 1990년대엔 북한교회 재건운동 차원에서 북한선교 창구 일원화와 단일 기독교 교단 세우기 등의 제안이 있었지만 한국교회 모든 교단이 합의에 이르지는 못했다. 현재 단일한 선교전략 마련을 위해 교단 북한선교 기구들의 연합모임을 시도하는 중에 있다.

전반적으로 현재 실시하고 있는 북한선교 전략은 다음과 같다. 첫째, 인도적 지원 선교전략으로 식량, 의료, 백신을 비롯한 방역 물품을 북한에 지원하고 있다. 둘째, 인권 선교전략으로 탈북자 구출, 북한인권 문제 제기, 북한인권 정보 축적 등의 사역을 하고 있다. 셋째, 복음전도 전략으로 대북 선교방송, 북한 내 지하교회 지원, 성경 보급 등을 하고 있다. 넷째, 탈북민 전도 전략으로 탈북자 미션홈 전도, 탈북민 사역자 세우기, 탈북민 교회 세우기, 탈북민 교회 연합, 에하드 매칭전략 등을 실시하고 있다. 다섯째, 통일선교전략으로 모퉁이돌에서는 통일 전·통일시· 통일 후 3단계 전략을 수립하고 있고, 숭실대학교 대학원에서는 통일 지도자 학교를 운영하고 있다. 이밖에도 각종 북한선교학교와 포럼 개최는 물론, 학술단체에서는 다양한 통일 담론과 전략을 내놓고 있다. 다섯째, 북한 구제 NGO 단체에서는 각 단체의 특성에 따른 특성화 선교전략을 실시하고 있다. 여섯째, 기업을 통한 선교전략을 실시하고 있다.

Ⅳ. 북한선교를 위한 전략 제안

북한선교전략을 수립하기 위해서는 첫째, 기도시간을 확보해야 한다. 개인 기도로 매일 기도(새벽기도), 작정 기도(매주 수요일 산행기도), 월 1회 100대 명산 정상 통일기도 등 끊임없이 개인 기도의 시간을 가져야 한다. 연합으로 통일기도회에 참여해야 한다. 둘째, 북한선교를 위한 연구를 부지런히 해야 한다. 북한선교를 위한 성경 연구, 선교전략 연구는 물론이고, 북한 정보 수집을 위한 북한 모니터링, 통일목회, 포럼, 연구기관 자료 분석, 북한의 정세와 체제 분석도 해야 한다. 북한선교 전략을 위해 성경적 모델로서의 예수님의 선교전략과 바울의 선교전략을 배워야 한다. 한국교회 선교 초기에 선교사들이 실시한 한반도 복음화 선교전략과 남한에서 실시하고 있는 북한선교 전략들을 살펴보아야 한다. 그래서 유기적 연합과 협력 시스템을 구축해야 한다.

1. 북한선교 사역자 양육 전략

전략적 북한선교를 위해서는 양육자 세우기를 먼저 해야 한다. 북한선교를 연구하고, 사역자를 양육하며, 북한선교의 동기부여를 하는 사역자가 있어야 북한선교의 지형을 넓힐 수 있다. 또한 실제로 북한선교 지경을 넓히기 위해서는 북한 선교사 세우기(언더, 오버)를 해야 한다. 직접 북한선교 활동에 참여하여 북한선교를 위해 헌신된 선교사가 되어야 한다. 북한선교를 위해 중보기도하는 이들과 물질적 후원, 재능 기부등을 하는 활동가들이 늘어나야 한다. 북한선교를 지원하며, 북한선교의 장을 넓히는 활동가들이 많아질 때, 사역의 재생산이 확대되면서 북한선교가 활성화될 수 있다.

북한선교 사역자들은 통전적 안목을 갖고, 네트워킹 협력을 통해 북한선교 전략을 세우되 하나님으로부터 오는 위대한 일을 기대하며 적극적으로 북한선교에 참여해야 한다. 선교통일 한반도 시대의 도래를 기대하며 북한 선교사 3만 명, 탈북민 선교사 3,000명을 세워야 한다. 이들을 통해 북한 3,000교회 회복과 1,000만 성도 복음화를 위한 사역을 진행해야 한다. 그리고 선교통일 한반도와 복음화 통일전략을 실시하고, 통일목회 비전을 실현하여 북한선교 대부흥운동을 주도케 해야 한다. 이를 위해 그리스도 안에서 하나 되는 전략적 플랫폼이 북한선교의 기도 네트워크 속에서 형성되어 그 동력이 되도록 해야 한다.

2. 탄력적 네비우스 전략

북한선교의 네비우스 전략의 첫 번째는 자전 전략이다. 북한 주민에 의해 스스로 북한교회 세우기가 이루어지게 하는 전략이다. 이 전략이 가능해지려면 북한의 지하교회가 확대되어야 한다. 이를 위해 지하교회 지원 구조를 만들어 내야 한다. 또한 남한에 들어온 탈북민들을 북한선교에 참여케 하여 탈북자에 의해 북한 주민 전도가 가능하게 해야 한다.

두 번째, 자치 전략이다. 북한 주민이 스스로 결정권을 가진 목회를 하게 하는 전략이다. 이를 위해 남한에 들어온 탈북민이 세운 탈북민 교회가 향후 북한에서 개척교회의 모형이 될 수 있도록 창의적인 탈북민 북한선교 교회를 세워 자치 목회를 실시해봐야 한다. 향후 북한교회 모형이 될 모델이 나와야 한다.

세 번째, 자립 전략은 자발적 헌신을 통해 경제적 자립교회를 세우는 것이다. 이때 탄력적 네비우스 전략이 필요하다. 남한 땅에서 탈북민들끼리 교회를 세워 자립하기는 매우 어렵다. 그러므로 통합전략을 구사하여 자립할 때까지 후원과 지원이 이루어지게 해야 한다. 또한 교회 간의 북한선교 사역별 통합을 이루어내야 한다. 인도적 지원사역과 인권사역, 체제 내 교회 섬김과 지하교회 지원사역, 탈북자 구출사역과 탈북민 선교사역, 북한선교 교육사역과 선교통일 기도사역들이 보수·진보의 틀에서 갈라지지 않고 전략적으로 함께 하는 법을 배워야 한다.

네 번째, 상호의존 전략으로 개척교회와 소형교회, 중대형교회, 다음(자녀) 세대와 기성(아비)세대, 남한의 북한선교 사역자와 북한 내지 사역자, 디아스포라 북한선교 사역자와 외국인 북한선교 사역자들이 상호의존하며 함께 하는 사역전략을 구사해야 한다.

3. 북한선교 실천 전략서

북한의 신분제도는 정당화될 수 없는 것이다. 북한 내 적대계층인 복잡 군중은 현대판 노예와 전혀 다를 바가 없다. 또한 북한 주민은 수령의 노예처럼 착취당하며 살고 있다. 북한의 지독한 성분정책과 북한 주민을 수령의 노예처럼 착취하는 것은 사악한 체제에서나 가능한 것으로 반드시 사라져야 한다.

믿음의 사람들은 노예제도에 침묵하지 않고 그 폐지를 위해 적극적으로 참여했었다. 1791년 2월 26일, 감리교의 창시자인 존 웨슬리는 노예무역 제도 폐지를 위해 투쟁하고 있는 영국의 회의 윌리엄 윌버포스에게 편지를 썼다.

> "하나님의 힘이 당신을 키우지 않았다면 당신은 종교와 영국, 더 나아가 인간 본성의 적인 혐오스러운 그 죄악에 맞서 영광스러운 투쟁을 시작하지 못했을 것입니다.… 해 아래 가장 사악한 노예제도가 사라질 때까지…"

성경을 유산으로 물려받은 에이브러햄 링컨은 노예제도 폐지를 선포했다(On January 1, 1863, all slaves were declared liberated forever). 종이나 자유자나 차별이 없는 삶을 살아야 한다.

"너희는 유대인이나 헬라인이나 종이나 자유인이나 남자나 여자나 다 그리스도 예수 안에서 하나이니라"(갈 3:28)

"거기에는 헬라인이나 유대인이나 할례파나 무할례파나 야만인이나 스구디아인이나 종이나 자유인이 차별이 있을 수 없나니 오직 그리스도는 만유시요 만유 안에 계시니라"(골 3:11)

신분제도를 뛰어넘어 북한 땅을 선교하기 위한 전략으로 연구해야 할 성경 중 하나가 빌레몬서다. 빌레몬은 기독교 박해 상황에서 자신의 집을 내놓은 자다. 그는 성도들로부터 '사랑과 믿음이 있는 자'라고 인정을 받은 자다.(몬 1:5) 사도 바울도 그로 말미암아 기쁨과 위로를 받았다고 고백(몬 1:7)할 만큼 신뢰를 받았던 인물이다. 빌레몬은 바울의 편지를 받고 그 가르침에 순종하여 자신의 집에서 도망친 노예 오네시모를 그리스도 안에서 형제로 받아들였다. 당시 로마의 노예제도 시대에서는 있을 수 없는 파격적인 행동이었다.

이러한 빌레몬의 영성이 북한선교 현장에 나타나야 한다. 빌레몬의 삶은 골로새교회에 파급되었고(골 1:4), 바울이 있던 로마 감옥에 전달되었고(몬 1:6), 마침내 온 천하에도 열매를 맺어 자라게 되었다.(골 1:6)

북한선교의 현장 속에는 오네시모와 같은 사역자가 있어야 한다. 그는 노예였다. 자유를 추구하여 도망쳤고, 바울을 만나 복음을 받아들인 이후에는 선교사역을 위해 바울의 심복이 되기를 자원했다. 그리고 복음을 전해준 바울을 신뢰하여 바울이 전해준 서신 한 장을 들고 자신이 도망쳐 나온 빌레몬을 도로 찾아갔다. 죽을지도 모르는 길을 향해 믿음으로 나아간 오네시모는 종이 아니라 종 이상으로 사랑받는 형제가 되었다.(몬 1:16) 빌레몬과 오네시모 사이에 일어난 일은 삼위일체 하나님의 은혜와 평안 가운데서만 가능한 역사다. 하지만 예수를 주로 모시고 복음 안에 들어가면 어디에서나 이 놀라운 기적이 일어난다. 북한선교에서 최상의 전략은 주의 은혜와 평안이 충만히 임하는 복음화 전략이다.

예수를 모른 채 노예로 살던 오네시모는 예수를 만나 노예로부터 벗어나 자유인이 되었고, 스스로 주를 위한 종이 되었다. 신분제도 속 노예와 같은 북한 주민은 오네시모처럼 자유인이 되어야 한다. 바울은 오네시모에게 복음을 전했고, 신앙의 사람들이 선택해야 할 삶을 가르쳤다. 오늘날 북한 선교사는 바울처럼 오네시모를 자유케 하기 위해 빌레몬과 오네시모를 화해시킨 것처럼 화목케 하는 사역을 해야 한다. 노예제도 속에서도 노예를 해방시키는 일에 모범이 된 빌레몬을 배워야 한다. 북한 주민의 가슴 속에 복음이 들어간다면 그가 보위부원이든 당 간부이든 그 사회 속에서 더 이상 북한 주민을 신분제도의 틀 속에 가두지 않고 형제로 여기면서 함께 주를 위한 사역을 행해 나갈 수 있다. 북한선교 사역자는 빌레몬서를 북한선교 실천 전략서로 삼아야 한다.

북한선교는

하나님으로부터 온 위대한 일이다.

이제 우리는 위대한 일을 시도해야 한다.

북한선교 리더십을 위해 우리가 할 일은

변하지 않는 원칙인 기본을 중요시하되,

새로운 패러다임의 등장을 환영하는 것이고,

열정으로 자신을 이끄는 사람이 되는 것이다.

또한, 예상치 못한 뜻밖의 일에서 배우며,

미래를 미리 대비하는 자가 되는 것이다.

북한선교 일꾼 세우기

10

제 10 강

북한선교 일꾼 세우기

하나님은 당신의 나라와 뜻을 이루기 위해 일꾼을 부르시고 (calling), 세우시며(setting), 보내신다(sending). 북한선교를 위해 부르심을 받은 일꾼은 그 소명에 합당한 사람이 되도록 하나님의 세우심(setting)이라는 과정에 들어가게 된다.

Ⅰ. 한국 선교 초기 일꾼 세우기

우리나라에 입국한 초기 선교사들은 이 땅에 복음이 전파되고 하나님 나라가 세워지도록 일꾼 세우기에 집중했다.

1. 아펜젤러의 일꾼 세우기

1885년 입국한 아펜젤러는 복음을 전하기 위한 단체로 한국 선교회를 세웠고, 민족계몽과 교육을 위해 배재학당을 설립해 많은 제자를 양육했다. 첫째, 기독교의 가르침에 따라 누구에게 나 차별 없이 교육의 기회를 제공했다. 여성 교육을 실시했고, 천민이나 백정도 공평하게 배움의 기회를 갖게 해주었다. 둘째, 하나님의 공의가 실현되는 하나님 나라의 가치를 가르쳤다. 그래서 세습권력이 아니라 민주적 절차에 따라 권력의 평등이 실현되는 나라의 비전을 갖도록 계몽했다. 셋째, 가난한 자나 부한 자나 차별 없이 대하는 삶과, 부를 독점하는 것이 아니라 나누며 함께 사는 세상을 추구하도록 계몽했다. 조선시대와 일제 강점기를 살아가면서 체질화된 변질된 가치관을 바로잡는 계몽교육이었다. 이런 교육은 우리 민족의 건국 역사에 큰 영향을 끼쳤다. 1941년 11월 28일 대한민국 임시정부의 국무회의를 통과한 대한민국건국강령에 반영된 내용이다.

우리나라의 건국정신은 삼균제도에 역사적 근거를 두고 있으니 … 이는 사회 각층의 지력과 권력과 부력의 가짐을 고르게 하여 국가를 진흥하며 태평을 보전 유지하려 함이니 … 우리 민족이 지킬 바 최고의 공리이

다.(대한민국건국강령 총강 제2조 중에서)

2. 한반도 지도자 양육

아펜젤러가 직접 지도한 학생 가운데 이승만이라는 학생이 있었다. 이승만은 일제에 저항하는 아이로 자주 순경들에게 붙잡혀 구금되었는데, 그때마다 아펜젤러는 관할 경찰서에 가서 "어려서 실수를 한 것"이라고 해명하여 빼오곤 했다.

이승만이 미국으로 유학을 떠나 처음 입학한 학교는 프린스턴신학교였다. 이승만은 칼빈주의자 아브라함 카이퍼의 단짝 친구였던 워필드와 기독교 변증학의 대가 그린, 그리고 한경직 목사와 박형룡 박사의 스승이었던 어드만에게 바울 신학을 공부했고, 성경 신학의 아버지 게할더스 보스, 그레샴 메이첸의 강의를 들으며 신학교를 졸업했다. 계속 공부해 프린스턴대학교에서 정치학 박사학위를 받았다. 이후 한국에 돌아와 YMCA 학감으로 지내면서 소달구지, 뗏목, 자전거 등 11가지 교통수단을 이용해 한반도 팔도강산을 2번이나 여행하면서 전도했다.

일제가 기독교를 박해하기 위해 조작한 105인 사건을 피해 하와이에 가서 자신이 체험한 것과 선교사들의 보고서를 더해 '한국교회핍박'이라는 책을 출간해 미국 사회와 세계에 알렸다. 그는 하와이에서 한인교회와 기독학원을 세워 민족 지도자를 세우는 일에 헌신했다. 이승만은 1948년 5월 31일 제헌국회 개원식 임시의장이 되어 놀라운 제안을 한다. 당시 국회의원 200명 중 기독교인이 10%도 채 안 될 때였다.

> "우리는 대한민국 독립 민주국 제1차 회의를 열게 된 것을 하나님께 감사해야 할 것입니다. 어떤 종교와 사상을 갖고 있든지 누구나 오늘을 당해 사람의 힘으로 된 것이라 자랑할 수 없으니 하나님께 감사드리지 않을 수 없습니다."

그리고 이윤영 의원(평양 남산현교회 목사 역임, 사회부 장관)에게 기도를 부탁, 감사의 기도문이 최초의 국회 속기록에 기록되게 했다. 6·25전쟁 중에는 믿음의 군대가 세워져야 함을 인식하고 1950년 12월 21일 군목제도를 창설해 국군 복음화를 추진했다.

II. 북한선교 일꾼 세우기의 기본

북한선교 일꾼이 세워지기 위해서는 먼저 소명자의 리더십이 바로 세워져야 한다. 그리고 리더십을 바로 세우기 위해서는 체계적으로 일꾼을 세울 북한선교 교육자가 세워져야 한다. 또한 교육할 수 있는 교육 교재가 준비되어야 하고, 양육하기 위한 교육방식과 교육과정이 확보되어야 한다.

1. 북한선교 일꾼의 자세

북한선교는 세상의 이데올로기, 철학, 이론이나 방법을 뛰어넘는 복음의 능력으로 이루어지는 것이다. 따라서 북한선교를 위해서는 복음의 능력을 가진 일꾼이 세워져야 한다. 북한선교는 주님의 임재와 동행, 섬김을 통해 성취되는 사역이기에 북한선교 사역자는 주가 임재하는 선교, 주와 동행하는 선교, 주님의 섬김이 있는 선교를 행하는 사람이어야 한다. 북한선교 일꾼은 북한선교에 대한 확신과 하나님께 대한 전적인 신뢰를 가지고 주님 주도적 사역을 이루려 해야 한다. 북한선교 일꾼은 사역에 대한 믿음과 확신 그리고 사역의 주체를 명확히 알아야 한다. 북한선교는 이루어질 수 있는 확실한 사역이고(막 9:23), 하나님이 공급하시는 힘으로 감당할 수 있는 사역이며(빌 4:13), 주님의 놀라운 구원 능력 안에서 주께서 이루시는 사역이다.(출 14:13~14)

런던선교회(London Missionary Society)로부터 최초로 중

국에 파송받은 중국 개신교 선교의 아버지 로버트 모리슨의 선교 여정은 험난했다. 1807년 중국 광저우에 도착해 1명을 개종시키는 데 무려 7년이 걸렸다. 1809년 이후 동인도회사 통역관으로 지내면서 1834년 죽을 때까지 5~6명 남짓 전도했다. 이렇게 전도가 힘든 상황을 경험한 그는 죽기 전 "중국에 신자가 1,000명이 되려면 100년은 걸릴 것"이라고 말했다. 하지만 100년 후 1934년, 중국의 신자는 50만 명이 되었고, 장개석 총통까지도 개신교 신자가 되었다. 이러한 결과를 보며 1953년 사무엘 마펫(한국명 마삼락) 박사가 말했다. "모리슨은 하나님의 능력을 500배나 과소평가한 것이다."

북한선교가 아무리 어렵다 할지라도 하나님이 행하시면 반드시 성취된다! 북한선교는 이미 주님께서 행하고 계시는 선교이며, 장차 상상 못할 놀라운 역사가 우리 앞에 펼쳐지게 될 것이다.

2. 북한선교 일꾼의 리더십

북한선교의 리더십을 위해서는 북한선교의 지도자인 멘토와 코치가 있어야 한다. 이들을 위한 지원자로 중보기도자와 물질 헌신자가 있어야 하고, 실제 선교에 투입될 사역자가 국내와 국외 디아스포라 한인과 외국인 가운데 세워져 있어야 한다.

세워진 리더에게 중요한 것은 리더십이다. 리더십이란 지도자로서 갖추어야 할 자질을 말한다. 어느 단체나 리더십 부재가 문제다. '칭찬은 고래도 춤추게 한다'의 저자 켄 블랜차드는 리더십에 관한 책 '1분 경영'에서 "성공적인 리더십의 열쇠는 영향력"이라고 말했다. 리더십은 영향력에 의해 결정된다. 영향력은 일만 잘해서 갖게 되는 것이 아니다. 워렌 베니스는 관리자와 리더의 차이를 이렇게 말했다.

> "좋은 관리자는 일을 옳게 하는 자이고, 좋은 리더는 옳은 일을 행하는 자이다."(A good Manager does things right, a good leader does right things)

북한선교 자체만 잘하는 자는 관리자이고, 북한선교는 지금 반드시 해야만 하는 일이기에 하는 것이라는 사실을 깨달은 자는 리더이다. 북한선교를 위해 지금 필요한 것은 관리자가 아니라 리더다. 그리고 리더의 리더십이 제대로 세워져야 한다.

3. 북한선교 리더십 세우기의 법칙

세계적인 리더십 전문가 존 맥스웰은 리더십의 21가지 불변의 법칙을 말했는데, 그중 북한선교를 위해 우리가 반드시 알아야 할 리더십 법칙이 있다.

첫째, 과정의 법칙(The Law of Process)이다. 리더십은 매일 발전하는 것이지 하루아침에 형성되는 것이 아니다. 리더십의 발전을 위해서는 지속적으로 헌신해야 한다. 먼저, 북한선교에 대해 통전적 지식(숲과 나무)이 있어야 한다. 배움의 과정을 거친 후엔 성장과 성숙의 과정에 헌신해야 한다.

둘째, 직관의 법칙(The Law of Intuition)이다. 직관은 성령의 지혜이다. 북한선교에 대한 성령의 지혜를 받은 자는 북한선교의 상황, 트렌드, 자원, 사람들과 자기 자신의 역할을 바르게 읽어 낸다. 그리고 이 모든 자원들이 효과적으로 북한선교에 투입되게 한다.

셋째, 이너서클의 법칙(The Law of Inner Circle)이다. 리더에게는 팀이 필요하다. 한 사람이 모든 것을 다 잘할 수는 없다. 유능한 리더들은 강력한 이너서클에 둘러싸여 있다. 북한선교의 이너서클 멤버는 영향력이 있는 자, 부족을 채울 수 있는 자, 조직에서 전략적 위치에 있는 자, 가치를 더해주고 다른 멤버에게 긍정적 영향을 미치는 자로 구성되어야 한다.

넷째, 권한 위임의 법칙(The Law of Empowerment)이다. 리더는 권위를 버림으로써 권위를 얻는 자다. 훌륭한 리더는 권한을 잘 위임하는 자다. 북한선교를 위해 다음 세대에게 권한을 위임할 때, 그들의 잠재력이 충분히 발휘될 수 있는 상황이 만들어질 것이다.

다섯째, 우선순위의 법칙(The Law of Priorities)이다. 북한선교의 필요성을 깨닫고 있다면 북한선교를 사역의 우선순위에 두어야 한다. 이를 통해 하나님 나라가 확장되는 열매를 맺게 될 것이고, 그의 나라와 의를 구하는 동안 한반도의 통일도 더하여지는 은혜를 받게 될 것이다.

여섯째, 타이밍의 법칙(The Law of Timing)이다. 북한선교의 카이로스는 지금이다. 때를 놓치면 기회는 없다. 이를 이해하고, 한반도 복음화를 위한 순수한 동기로, 성령의 소욕을 따라 '여호와 이레(하나님의 준비하심)'에 맞춰 사역해야 한다.

마지막으로 승리의 법칙(The Law of Victory)이다. 북한선교는 '여호와 닛시(하나님의 승리)'의 사역이다. 모세의 기도와 여호수아의 전투력이 합쳐졌을 때, 아말렉 족속을 물리치고 승리한 것처럼, 북한선교는 반드시 성취되는 사역이다.

Ⅲ. 북한선교 세우기의 필수 요건

1. 북한선교 교육자

북한선교의 베스트 교육자는 순교를 각오한 사명자다.(행 20:24) 북한선교의 이론을 체계적으로 습득(선교학과 북한학) 했을 뿐만 아니라 북한선교 현장을 이해한 자로 사역 과정에서 연단된 경험을 가진 자이다. 하지만 온전하지 못하다 하더라도 북한선교학을 이수한 자로 가르치는 성령의 은사를 받은 자이면 교육자가 될 수 있다.

말콤 글래드웰은 저서 '아웃라이어'에서 1만 시간의 법칙을 소개하고 있다. 하루에 3시간씩 10년이면 1만 시간이 되는데, 이 시간 동안 한 가지 일에 집중적으로 치중하면 그 분야에서 최고가 된다는 것이다. 반대 의견도 있다. 2014년 잭 햄브릭 미시간 주립대 교수 연구팀은 노력과 선천적 재능의 관계를 조사했다. 어떤 분야든 선천적 재능이 없으면 아무리 노력해도 대가가 될 수 있는 확률은 그리 높지 않다는 것이었다. 노력만 가지고는 안 된다. 성령의 은사가 있어야 한다.

2. 북한선교 교육 교재

총론 교재로 북한선교 개론과 선교통일 개론서가 필요하다. 각론으로는 북한의 체제 이해(정치, 외교, 군사), 북한의 사상 이해(주체사상), 북한의 사회문화 이해(북한 사회, 주체문예), 북한 사람 이해(식의주, 생활문화, 성격), 북한의 종교지형 이해(체제 내 종교와 지하종교)를 위한 교재가 필요하다. 참고 교재로 사역을 위한 간증 서적이나 북한에 대한 스터디 가이드북 등을 활용할 수 있다. 스터디 가이드북으로 태영호의 '3층 서기실의 암호', 선교현장 사역 간증으로 최광의 '내래 죽어도 전하겠습니다'가 있으며, 북한인권정보센터의 탈북민 조사·간증 분석자료(2만여 명), 윤여상의 '북한 종교자유 백서'등을 활용할 수 있다.

3. 북한선교 교육과정과 방식

북한선교 단기 과정은 12주로 편성하되 전반기와 후반기로 나누어 진행된다. 전반기는 북한선교 개론, 후반기는 선교통일 개론을 커리큘럼에 맞추어 교육한다. 이때 단기선교 여행과 기도회 모임을 지속하는 것이 필요하다.

중기과정은 3년 과정으로 매주 1회 실시하고, 기본(개론 과

목), 심화(개론 내용 심화), 적용(개론 내용 적용) 과정을 통해 강화하는 교육이다. 장기 과정은 지속적으로 북한선교를 실시하는 것으로 체계적 학습, 실천 활동, 비전트립을 연간계획 속에 넣어 실시한다. 이때 전략적으로 커리큘럼을 세워 교육하는 것이 중요하다.

북한선교 교육을 위해 오프라인과 온라인, 체험과 간증, 빅데이터, AI 등 모든 것을 활용해야 한다. 전략적 교육을 위해서는 세대별 교육방식을 개발해 실시해야 한다. 10~20대는 디지털폰 세대로 디지털 원주민이라고 할 수 있다. 이들에게 디지털을 통한 교육방식은 반드시 필요하다. 메타버스(아바타를 통한 교육 방식)를 개발할 필요가 있다. 30~40대는 디지털 이주민이다. 디지털 신대륙에 상륙한 세대이기에 이들이 주도적으로 북한선교의 리더십을 확보할 수 있도록 준비시켜야 한다. 50대~60대는 디지털 원시인으로 분류된다. 여전히 아날로그 방식의 교육에 익숙하지만 아날로그-디지털 혼용 방식의 교육도 가능하다. 하지만 70대 이상은 아날로그 방식의 대면 교육이 가장 효율적이다. 물론 다른 세대에도 아날로그 방식의 교육이 무의미한 것은 아니다. 다음 세대들이라고 모두 디지털 교육만 선호하는 것은 아니다. 다만 교육방식이 문제다. 일방적 주입식이 아니라 토론과 질의응답을 통해 쌍방 소통이 가능하도록 교육방식을 개발해야 한다.

켄 블랜차드는 자신의 책을 읽고 성공한 사람을 설문조사 해 봤는데, 10%도 안 된다는 사실을 알았다. 그래서 학습법(교육방식)을 바꾸었다. 블랜차드는 성공적인 교육을 위해서는 다음의 단계를 거쳐야 한다고 조언한다. 1단계로 마인드가 바뀌어야 하는데, 최소 20시간의 집중교육이 필요하다. 2단계로 행동이 바뀌도록 3주 정도 배운 것을 실천하는 시간을 가져야 한다. 3단계로 습관을 바꾸기 위해 3개월 동안 배운 것을 실천하는 시간을 가져야 한다.

교육이 실패하는 이유는 대부분 1단계에 머물기 때문이다. 집중교육만 반복하면 매너리즘에 빠지게 되어 있다. 따라서 북한선교 교육도 집중교육을 통해 마인드와 행동, 습관을 바꾸는 단계로 나아가야 한다. 마인드를 바꾸는 교육은 북한선교 동기부여 교육으로, 행동을 바꾸는 교육은 단기교육으로, 습관을 바꾸는 교육은 중장기 교육으로 각각 실시되어야 한다.

4. 북한선교 일꾼 세우기 프로세스

하나님의 군대로서 북한선교 일꾼을 세우는 프로세스는 첫째, 신병훈련(boot training) 과정이다. 처음 북한선교에 참여한 사람들을 대상으로 한다. 소명(부르심: 암 7:14~15)과 주의 명령, 대위임령(마 28:19~20), 민족 사랑의 선교적 열정(롬 9:2)을 경험하는 과정이다.

둘째, 사병훈련(EM, enlisted man-exercise) 과정이다. 신병 훈련 과정을 마치고, 실제로 북한선교의 군대 일원이 되기 위해 거치는 과정이다. 이때 북한선교와 선교통일을 이해하게 되고, 북한체제와 사상, 문화, 사회, 경제, 종교를 학습한다. 전반적인 북한선교의 과정을 파악하면서 예배훈련, 기도훈련, 말씀 연구를 통해 선교현장에 투입될 영적 군사가 된다.

셋째, 장교훈련(CO, commissioned officer-practice) 과정이다. 사병훈련 과정을 마친 자가 그 대상이다. 북한의 전문 영역을 연구한다. 토론과 심화학습으로 북한선교, 선교통일 신학 및 영성을 연구, 훈련한다. 현장에 투입되어 사역을 실시하고, 실행 후 분석평가 과정과 정책토론 과정을 거치면서 지도자로 세워진다. 이것이 북한선교 일꾼이 거쳐야 하는 프로세스다.

Ⅳ. 북한선교 일꾼의 리더십

워렌 베니스는 저명한 경영학 교수이자 리더십연구소 소장이다. 25권의 저서와 1,500편의 논문을 쓴 그는 '포브스'가 선정한 세계 최고의 리더십 전문가 중 한 사람이다. 그는 위대한 그룹을 만들기 위해 리더가 할 수 있는 최선의 일은 각각의 구성원들로 하여금 스스로의 위대함에 눈뜨게 하는 것이고, 리더십 원칙에 따르게 하는 것이라고 했다.

1. 북한선교 리더십

북한선교는 하나님으로부터 온 위대한 일이다. 이제 우리는 이 위대한 일을 시도해야 한다. 북한선교 리더십을 위해 우리가 할 일은 변하지 않는 원칙인 기본을 중요시하되, 새로운 패러다임의 등장을 환영하는 것이고, 열정으로 자신을 이끄는 사람이 되는 것이다. 또한, 예상치 못한 뜻밖의 일에서 배우며, 미래를 미리 대비하는 자가 되는 것이다.

북한선교의 가장 확실한 리더십은 예수님을 온전히 따를 때 갖춰지게 된다. 예수님의 리더십은 첫째, 바른 제자를 세우는 리더십이다. 예수님은 제자를 사랑하시되 끝까지 사랑하셨다.(요 13:1) 베드로가 하나님의 일은 생각하지 않고 사람의 일을 생각하자 곧바로 책망하셨다.(마 16:21~28) 둘째, 바른 교회를 세우는 리더십이다. 이때 가장 중요한 것은 바른 신앙고백의 터 위에 교회를 세우는 것이다.(마 16:16~18) 거기에 기도와 치유와 찬양이 이어진다.(마 21:12~17) 셋째, 바른 말씀을 세우는 리더십이다. 예수님의 가르침은 서기관의 것과는 다른 권세 있는 가르침이었다.(마 7:28~29) 그분은 외식이나 행함이 없는 말, 본질을 상실한 가르침을 용납하지 않으셨다.(마 23:5~23) 북한선교 리더십을 위해 바른 제자, 바른 교회, 바른 말씀 세우기 리더십이 적용되어야 한다.

2. 교육혁명을 통한 리더십

1871년 신미양요 이후 각 지방에서는 '천만 년이 지나도 서교는 결단코 들어오지 못할 것'이라는 분위기가 조성되었다. 그런데 1885년 언더우드와 아펜젤러를 시작으로 수많은 선교사들이 들어와 선교를 시작했고, 30년이 안 되어 기독교인 37만 명, 외국 선교사 300명, 예배당 500곳, 기독교 학교 962곳, 의학교 1곳, 간호학교 1곳, 병원 13곳, 진료소 18곳, 고아원 1곳, 맹아학교 1곳, 나병원 1곳, 인쇄부 1곳이 생겼다. 각 나라에서는 한국교회를 이렇게 평가했다.

하나님이 한국 백성을 이스라엘 백성같이 특별히 택하여 동양에 처음 기

독교 국가를 만들어 아시아에 기독교 문명을 발전시킬 책임을 맡긴 것이
라 한다. 그러므로 이때 한국교회를 돕는 것이 후에 일본과 중국을 문명화
시키는 기초가 된다고 하여 각 교회에 속한 신문, 월보, 잡지에서는 한국
교회 소식이 그칠 때가 없으며, 교회 순례객들의 연설이나 보도에 한국교
회에 대해 칭찬하지 않은 것이 없을 정도이다.

('한국교회 핍박', 이승만, 1913년)

사무엘 마펫은 'The Christians of Korea'(1962)에서 초기 한
국에서의 기독교 학교 교육의 가치를 이렇게 평가했다.

"죽어버린 과거의 지배를 무너트리고 한국의 미래를 열어주는 진지한 교
육혁명의 시작이었다."

19세기 당시 과거 급제자의 90%가 정실주의와 뇌물 수수에
의한 것이었다. 당연히 부패를 혁신할 새로운 아이디어, 새로운
방법, 새로운 학교, 새로운 사람이 요구되었다. 이 모든 것을 제
공한 곳이 바로 기독교 학교였다. 이때는 교회의 지도력이 강력
해서 기독교 학교에서 사용된 교과 과정은 일반 학교의 교과 과
정이 되었다. 교회는 수백 개의 초등학교를 세웠다. 당시 교회에
주간 학교가 없으면 완전한 교회로 간주되지 않을 정도였다. 한

국 학생의 절반이 기독교 학교에서 공부한 것이다.

프란시스 킨슬러는 성경구락부를 운영하면서 대학생과 신학생을 교사로 채용했다. 이들이 학교 교육을 받지 못하는 빈곤층 어린이들을 대상으로 단기학교를 열었는데, 전국적으로 7만여 명의 어린이들이 등록해 교육의 기회를 가졌다. 이때 교육을 받은 아이들의 영성이 얼마나 탁월했는지 10세 소녀가 6,000명의 성경구락부 학생들을 대상으로 기도와 찬양을 인도할 정도였다.

북한선교 일꾼 세우기 핵심

북한선교의 일꾼을 세우기 위해서는 첫째, 예수의 바른 제자 세우기가 선행되어야 한다. 내면의 요새를 키워 배운 바를 삶 속에 실현하는 다음 세대의 제자들을 세워나가야 한다. 둘째, 북한선교를 실행하는 교회를 세워야 한다. 목회 전반에 북한선교와 선교통일의 길이 반영되는 통일목회 교회를 세워나가야 한다. 북한선교 일꾼에게 가장 필요한 것은 북한선교와 선교통일의 영성과 신학을 정립하는 것, 이를 통해 북한선교의 리더십을 바로 세우는 것이다.

복음을 전하는 일은 우리의 몫이고,

복음화의 역사는 하나님의 몫이다.

남한 복음화를 위해 우리가 할 일은

성령의 인도하심을 따라

복음을 전파하는 것이다.

우리는 없어지지 않을 영원한 유업을

받을 자들이다.

우리 함께 그날까지 인내함으로 견뎌보자.

주님이 오실 그날까지.

북한선교 교회 세우기

11

제 11 강

북한선교 교회 세우기

북한선교 교회를 세우는 일은 성문 밖 고난의 땅을 향해 나아가는 일이다. '근대 선교의 아버지' 윌리엄 캐리는 19세 때 히브리서 말씀을 읽으면서 "국내를 떠나 복음을 듣지 못한 땅에 가서 선교하라"는 소명을 받는다.

"그러므로 예수도 자기 피로써 백성을 거룩하게 하려고 성문 밖에서 고난을 받으셨느니라 그런즉 우리도 그의 치욕을 짊어지고 영문 밖으로 그에게 나아가자"(히 13:12~13)

그는 소명에 응답하기 위해 구두 수선 일을 하면서 틈틈이 공부해 목사가 되었다. 하지만 세계선교를 위해서는 영적 갈등을 극복해야만 했다. 당시 요한 웨슬리와 조지 휘필드가 이끄는 영적 부흥운동이 영국 전역을 휩쓸고 있었다. 하지만 세계선교에는 관심이 없었다. 캐리는 어느 날, 목사들의 모임에서 해외 선교에 대한 자신의 비전과 계획을 열정적으로 말했다. 그러자 그 자리에 있던 원로목사가 이렇게 말했다. "이보게 젊은이, 그만 열 내고 자리에 앉게나. 만약 하나님께서 이방인들을 개종시키려고 한다면 자네나 우리 도움 없이도 얼마든지 하실 수 있으실 걸세."

이런 분위기에도 캐리는 포기하지 않았다. 그는 '이교도 개종에 대한 크리스천의 의무에 관한 연구'(An Enquiry into the Obligation of Christians to use means for the Conversion of the Heathens)라는 87쪽짜리 책을 집필했다. 거기서 캐리는 세계선교는 그리스도인이 반드시 해야 할 의무임을 역설했다. 침례교회연합회 모임에서 그는 이사야서 말씀을 본문으로 삼아 설교했다.

> "네 장막터를 넓히며 네 처소의 휘장을 아끼지 말고 널리 펴되 너의 줄을 길게 하며 너의 말뚝을 견고히 할지어다 이는 네가 좌우로 퍼지며 네 자손은 열방을 얻으며 황폐한 성읍들을 사람 살 곳이 되게 할 것임이라"
> (사 54:2~3)

캐리는 '하나님으로부터 위대한 일을 기대하라. 하나님을 위해 위대한 일을 시도하라'는 제목의 설교를 하면서 이렇게 외쳤다.

"지금이 바로 하나님이 나와 당신을 통해 위대한 세계선교의 역사를 이루
실 때입니다."

캐리의 감동적인 설교가 우리에게 주는 영적 도전이 있다. 바
로 지금, 이 시간에 북한선교 교회를 세워 핍박이 강한 땅 북한
에 복음을 전하는 것이다.

Ⅰ. 북한선교 교회 세우기의 개념

북한선교의 활성화를 위해서는 북한선교 단체뿐 아니라 북한
선교 교회가 세워져야 한다. 남한의 교회들 모두가 혈육인 북한
주민의 복음화를 위해 사역하는 것은 당연한 일이지만, 현실적
으로는 목회 여건상 전적으로 그러기가 쉽지 않다. 접근이 어려
운 북한선교에 교회가 적극적으로 참여하기가 쉽지 않은 것은
이해되지만, 중요한 것은 더 이상 북한선교를 미뤄서는 안 된다
는 사실이다. 그래서 북한선교에 집중해서 전략적으로 북한선교
를 실시할 교회를 세워야 한다.

북한선교 교회를 세우시는 이는 성령님이시다. 사도 바울에게 비전을 주셔서 아시아에서 유럽으로 선교가 확장되게 했던 성령님은 지금 우리에게도 비전을 주신다. 손짓하며 "건너와서 우리를 도와달라"는 북한 성도들의 간구를 기억하게 하시고, 북한선교의 비전을 끊임없이 우리에게 주고 계신다.

1. 북한선교 교회의 정의

남한뿐 아니라 디아스포라 한인교회와 전세계 외국인 교회 가운데 북한선교를 실시하는 교회들이 있다. 교회 선교부 내에 북한선교부를 두고 북한선교에 참여하거나, 처음부터 북한선교를 지향하는 교회를 개척하여 세우거나, 북한선교 단체 지원을 통해 참여하는 교회들이다. 이렇게 복음 선교의 사각지대에 있는 북한에 복음을 전하기 위해 선교를 실행하는 교회를 북한선교 교회라고 한다.

2. 북한선교 교회 세우기의 동기

남한교회나 디아스포라 한인교회 가운데 북한선교에 참여하는 교회들의 북한선교 동기는 다양하다. 북한선교를 실시하는 교회는 북한선교 사역자가 개척교회를 세웠을 경우, 기존 교회 가운데 골육을 피하지 않고 선교해야 한다는 도전이 일어난 교회, 분단된 조국의 현실을 극복할 대안으로 복음화 통일에 대한 각성이 일어난 교회, 기도하는 가운데 성령의 지시하심을 받은 교회들이다.

외국인 교회 가운데는 마지막 때의 땅끝 선교를 위해 미전도 지역에 접근하는 일환으로 북한선교를 실시하는 교회들이 다수다. 외국인 교회들은 주로 선교단체들을 통해 북한선교에 연결된다. 예를 들어 오픈도어선교회를 지원하며 지하교인들을 위해 기도하는 네덜란드, 호주, 영국 등의 교회들이 있다. 이들은 북한선교의 전진기지로 남한을 생각하며 남한교회들과 함께 북한선교에 접근하고 싶어 한다. 그러므로 남한의 북한선교 교회는 더 적극적으로 북한선교 교회를 세워야 한다. 무엇보다도 한반도 복음화를 위해 전략적 북한선교 교회가 세워져야 한다.

3. 북한선교 교회의 사역자

교회가 세워지는 데 반드시 필요한 사역은 말씀 선포(케리그마)와 말씀 교육(디다케), 성도의 교제(코이노니아)와 섬김(디아코니아)이다. 이 사역이 온전해질 때 선교하는 교회가 세워질 수 있다. 북한선교 교회가 세워질 때도 이 사역을 감당할 사역자가 있어야 한다.

북한선교 교회의 케리그마 사역자는 복음 선포의 영성이 충만한 자, 말씀으로 북한선교를 선포할 수 있는 자, 북한선교에 관한 레마의 말씀이 있는 자, 북한선교의 변화 상황에서 선포할 메시지가 있는 자, 영혼 구원의 열정이 있는 자, 평생 예배자로 살기로 결단한 자로 복음 때문에 가슴이 뛰는 자이다(로마서, 갈라디아서).

북한선교 교회의 디다케 사역자는 말씀을 가르치는 교육 사역자로, 복음 양육의 영성이 충만한 자, 말씀으로 북한선교를 가르칠 수 있는 자, 북한선교의 이해력과 표현력이 풍부한 자, 북한선교를 창의적으로 가르치는 은사를 받은 자, 영혼의 성숙에 관심이 있는 자, 평생 교육자로 살기로 결단한 자로 성도의 양육과 교육에 사명이 있는 자이다(디모데전후서, 디도서).

북한선교 교회의 코이노니아 사역자는 복음 누림의 영성이 풍성한 자, 말씀 안에서 북한선교를 즐기는 자, 북한 주민과 공감 능력이 있는 자, 북한 주민을 올바르게 축복할 수 있는 자, 영혼 치유의 능력이 있는 자, 하나 됨을 위해 살기로 결단한 자로 어떠한 환란과 핍박이 있더라도 예수 안에서 하나 된 공동체를 지키기 위해 헌신하는 자이다(에베소서, 빌립보서, 골로새서, 빌레몬서).

복음선교 교회의 디아코니아 사역자는 섬기는 사역을 감당하는 자로 복음의 삶과 적용에 우선순위를 둔 자, 북한 주민과의 나눔에서 행복을 느끼는 자, 북한 주민의 어려움을 들으면 애가 타는 자, 북한 주민의 필요에 민감한 자, 영혼 돌봄을 위해 평생 살기로 결단한 자, 평생 섬기며 살기로 결단한 자로 섬김과 돌봄의 삶에 집중할 수 있는 사역자이다(야고보서, 베드로전후서, 요한서신, 유다서).

복음선교 교회의 선교 사역자는 건강한 교회를 세워 하나님 나라의 확장을 위해 헌신하는 자로 성령의 역사에 민감한 자, 각 사역의 힘을 북한선교로 집중케 하는 자, 교회 세우기 사역을 네트워킹하여 효율적인 북한선교를 이루어내는 자, 사역을 활성화시킬 수 있도록 인적·물적 자원을 동원할 수 있는 자, 사역의 카이로스의 순간을 아는 자, 북한선교를 위해 평생 기도하며 사역하기로 결단한 자로 이들은 성령의 비전을 따라 선교의 역사를 써나가는 자들이다(사도행전).

II. 전략적 북한선교 교회 세우기 로드맵

전략적 북한선교 교회 세우기를 위한 다섯 가지 지침(road map)은 다음과 같다. 첫째, 신앙고백의 터 위에 교회를 세우라. 둘째, 세워진 교회는 남한 복음화(교회의 사명1)를 위해 헌신케 하라. 셋째, 기존의 목회 패러다임을 전환해서 선교통일목회를 실시하라. 넷째, 한반도 복음화 비전(교회의 사명2)을 따라 통일 이전에는 다양한 북한선교 사역에 참여하면서 북한 지하교회를 지원하라. 다섯째, 통일 이후에는 북한교회를 개척하는 교회를 세워 한반도 통합화 사역을 성취하라.

1. 교회 세우기

교회 세우기의 출발점이 되는 말씀이 있다.

> "또 내가 네게 이르노니 너는 베드로라 내가 이 반석 위에 내 교회를 세우
> 리니 음부의 권세가 이기지 못하리라"(마 16:18)

교회는 반드시 예수에 대한 바른 신앙고백 위에 세워져야 한다. 예수가 주인인 교회, 음부의 권세가 이기지 못하는 교회로 세

워져야 한다. 교회에는 말씀과 성례전(세례와 성만찬: 마 28:19, 눅 22:19, 고전 11:23~30)을 통한 가시적 말씀과 진리의 말씀을 지키고 성례의 거룩성을 보전하기 위한 수단으로서의 권징이 있어야 한다. 북한선교 교회 세우기는 먼저 말씀에 기초한 건강한 교회를 개척할 때 시작되며, 예수 그리스도의 삶이 구현되는 성례전과 말씀의 가르침을 따르는 삶이 있을 때 실현된다.

2. 남한 복음화(교회의 사명 1)

남한교회의 1차적 사명은 남한 복음화이다. 아직도 남한의 4,000만 명이 넘는 사람들은 복음을 알지 못한다. 교회에 다니는 사람들 가운데도 길가와 가시밭, 돌짝밭과 같은 신자들이 있다. 복음화 사명을 감당하기 위해 세워진 교회가 주력해야 할 사항들이 있다.

첫째, 하나님이 임재하는 예배를 드리는 것이다. 주님이 말씀하신 영과 진리로 예배해야 한다.(요 4:24) 예배 가운데 성령의 충만함을 받는 시와 찬송과 신령한 노래가 있어야 하고, 마음으로 주께 노래하는 찬송이 있어야 한다.(엡 5:18~19) 또한 예배 가운데 진리가 선포되며, 그 진리로 자유케 되는 역사가 일어나야 한다.(요 8:32)

둘째, 교육(양육)이다. 예수님은 목양(요 21:15~17)과 가르쳐 지키게 하는 교육(마 28:20)을 명하셨다. 바울은 배우고 확신한 일에 거하는 사역을 디모데에게 명했다.(딤후 3:14)

셋째는 선교에 집중하는 것이다. 예루살렘과 온 유대와 사마리아와 땅끝까지 증인이 되어(행 1:8), "가서 모든 족속으로 제자를 삼으라"(마 28:19)는 명령과 "때를 얻든지 못 얻든지 복음을 전파하라"(딤후 4:2)는 말씀에 순종하는 것이다. 복음을 전하는 일은 우리의 몫이고, 복음화의 역사는 하나님의 몫이다. 남한 복음화를 위해 우리가 할 일은 성령의 인도하심을 따라 복음을 전파하는 것이다.

3. 목회 패러다임 전환

다음 세대에게 복음을 전해 복음화를 이루어가기 위해서는 바뀐 환경을 바로 이해하고 활용할 수 있어야 한다. 이번 팬데믹 이후 인터넷 환경(줌, 밴드 등)을 활용한 사역의 필요성이 생겼다. 소통에서도 변화가 일어났다. 다음 세대는 유튜브와 인스타그램의 세대다. 삶의 문법이 다른 세대다. Z세대(13~24세)의 86%, Y세대(25~39세)의 76%, X세대(40~59세)의 66%, 60대 이상의 57%가 유튜브를 통해 자연스럽게 소통한다. 최근 활성화하기 시작한 챗GPT는 가히 혁명적이라 할 만큼 전 세대에게 영향을 줄 것이다. 다음 세대들과 소통하기 위해서는 변화된 환경을 이해하고 변화된 환경을 활용해야 한다. 그래서 복음의 영향력이 그들에게 미치게 해야 한다.

일제 강점기 조선의 인구는 1,600만 명이었다. 당시 기독교 인구는 20만 명으로 전체 인구의 1.3~1.5%였지만 독립투사의 30%를 차지했고, 3·1 독립만세 운동을 주도한 민족 지도자 33인의 약 50%인 16명이 기독교인이었다. 기독교인의 사회적, 민족적 영향력은 지대했다. 하지만 지금 남한 기독교의 민족적 영향력과 사회적 신뢰도는 크게 축소되고 하락했다. 이것은 양적인 문제가 아닌 질적인 문제다.

가장 먼저 고민해야 할 것은 반드시 그 시대가 감당해야 할 사역을 찾아내는 일이다. 그리고 책임 있게 그 일을 감당하려면 제대로 소통할 줄 알아야 한다. 교회는 한반도 분단체제 아래 살고 있는 다음 세대에게 영향을 줄 사역을 찾아내어 그 사역에 적극적으로 참여하며, 소통을 통해 사역이 성취될 수 있도록 목회 패러다임을 전환해야 한다.

4. 선교통일목회의 실시

선교통일목회는 특정한 교회만이 아니라 모든 한국교회가 실행해야 한다. 선교통일목회를 펼치면 목회 현장에 복음의 영향력이 확대되어 이데올로기를 뛰어넘는 기독교의 영성이 드러나게 된다. 이는 한국 사회에 강력한 영향력을 주며 교회가 주도하는 새로운 유형의 리더십으로 나타날 것이다.

이를 위해 성령의 비전에 따라 목회자의 선교 패러다임이 전환되어야 한다. 북한을 제외한 세계선교만으로는 영향력이 확장될 수 없다. 목회의 영역을 남한에만 국한하는 것이 아니라 북한을 포함한 한반도 전체로 확장해야 한다. 사도 바울처럼 동족을 위해 고난과 순교를 각오한 목회자와 사역자들이 일어나야 한다. 선교통일목회의 실행을 위해 생명을 주께 바치며 간구하는 기도 사역자들이 넘치게 나와야 한다.

선교통일목회는 능력으로 역사하시는 이의 역사를 따라 힘을 다해 헌신하는 충성스러운 사람들을 통해 이루어질 수 있다. 목회자들과 선교통일 사역자들은 그리스도의 남은 고난을 그의 몸 된 교회를 위해 자기 육체에 채우는 자가 되어야 한다. 또한 교회의 속성인 일치성(에하드 목회), 거룩성(예배와 교회 중심의 삶), 보편성(고전 12:13), 사도성(갈 1:6~9)을 따르는 목회를 실시해야 한다. 그럴 때, 선교통일목회가 구체적으로 실현될 수 있다.

5. 북한선교 교회 세우기(교회의 사명 2)

북한선교 교회를 세우려면 다양한 사역을 실시해야 한다. 먼저 교회 내에 북한선교에 동기를 부여할 장을 만들어야 한다. 연중 목회계획 안에 북한선교 주일을 계획, 선교통일 사역자를 통해 선교통일 메시지가 선포되는 예배를 드려야 한다. 또한 통일과 북한선교를 위한 기도회를 매월 첫날 새벽기도회 때 실시하는 것이 좋다.

매월 1회는 북한선교 연합기도회에 참석한다. 북한선교 리더십을 세우기 위해 교회 안에 북한선교학교를 개설한다. 탈북민과 함께하는 목회 프로그램으로 매칭사역, 선교여행, 남북통합 바자회, 초청 방문 등의 행사를 갖는다. 북한선교를 위한 단기선교 여행으로 조중 접경지대, 조러 접경지대, 휴전선 등을 방문해 땅 밟기와 기도회를 갖는다. 동유럽 등 사회주의를 경험한 나라들을 방문, 그곳 사람들과 교제를 가지며 북한선교를 도모한다. 인도적 지원 단체나 인권지원 단체 등의 사역에 동참하고 협력한다. 북한 선교사를 파송하고 지원하는 사역을 실시한다.

Ⅲ. 북한선교 교회의 과제

1. 현재 북한교회에 대한 대책

현재 북한에는 남한의 교회와 같은 신앙고백의 터 위에 세워진 지하교회가 기도처 형식으로 존재하고 있다. 이들은 북한 당국의 통제와 감시, 핍박 속에 신앙생활을 이어가고 있다. 지하교회 형태에는 분단 이전부터 신앙생활을 했던 신자들이 신앙을 포기하지 않고 체제 내 기독교 공동체에도 가입하지 않은 상태에서 믿음 생활을 지속하고 있는 그루터기 신자로 이뤄진 지하교회, 90년대 중반 북한의 고난의 행군 이후 형성된 새순 지하교인들로 이뤄진 지하교회가 있다.

지하교회는 속성상 그 숫자와 내용을 파악하기 어렵다. 다만 경험자들의 간증과 이들과 연계된 사역자들의 보고를 통해 그 상황을 어렴풋이 알 수 있을 뿐이다. 비록 정확한 통계나 교회의 형태는 알 수 없다 할지라도 지하교회는 존재하며 확장되고 있다. 향후 지하교회와 교인들에 대한 처우, 이들에 의해 형성된 교회를 어떻게 지원하고 협력할 것인지 미리 준비해야 할 것이다.

또한 북한에는 수령을 하나님처럼 섬기는 것이 신앙이라는 고백 하에 봉수교회와 칠골교회 그리고 520여 개의 가정교회가 세워져 있다. 이들은 조선그리스도교연맹에 속해 있다. 북한체제가 인정한 체재 내 교회는 일제 통치시대에 신사참배를 하며 존재했던 교회처럼 후일 북한교회 세우기에 문제 요소가 될 가능성이 있다. 북한 평양신학교에서 공부하고 안수받은 목사의 신분 문제를 비롯해, 체제 내 교회들과 가정교회 교인들이 어떤 과정을 거쳐 지하교회 성도들과 하나로 통합될 수 있을지 미리 대안을 준비해야 한다.

2. 통일 이전 북한 지하교회 개척

현재 북한의 지하교회는 지속적으로 확장되고 있다. 북한 지하교회에 대한 이해를 갖기 위한 방안들이 있다.

첫째, 지하교회의 실태를 알기 위해 지하교회 성도들의 간증을 들을 필요가 있다. 탈북민 교회인 한나라은혜교회에서는 북한에서 지하교회 신자로 살았던 이들의 간증을 유튜브를 통해 소개하고 있다.

둘째, 북한 지하교회의 가치를 연구해야 한다. 북한 지하교회의 가치에 대해 한국 순교자의소리(VOM) 대표인 에릭 폴리 목사는 이렇게 말하고 있다.

"하나님께서는 북한 지하교회를 통해 남한의 기독교가 소생하고 정결케 될 뿐 아니라, 그들로 인해 양쪽이 하나 된 교회(the church of unification)가 되기를 바라고 계신다. 그러기 위해서는 한국 기독교의 교회 개척 방법 대신 북한 지하교회의 개척 및 존재 방식을 연구해 남한과 북한교회에 적용해야 한다."

폴리 목사는 북한 지하교회 개척 방식은 존 로스 방식이라고 설명한다. 로스는 만주에 온 의주 청년들을 전도, 그들에게 한문 성경을 조선말로 번역하게 했다. 그리고 그 청년들이 매서인(賣書人, 선교 초창기 때 전도지나 쪽복음을 배부하거나 팔면서 복음을 전했던 사람)으로 고향에 돌아가 복음을 전하게 했다. 우리나라 최초의 교회인 소래교회가 그런 방식으로 세워졌다. 영국인 선교사 매킨타이어를 통해 복음을 받아들인 의주 청년 서상륜과 그 아우 서경조가 1883년 황해도 송촌에 소래교회(솔내교회, 혹은 송촌교회로도 불림)를 세운 것이다.

셋째, 북한에 지하교회 세우기를 하는 단체들이 전해주는 지하교회에 대한 소식을 들어야 한다. 2015년 미국의 기독교 단체 '알파 릴리프'(Alpha Relief)는 10년째 매달 북한 지하교회의 1,500여 가정에 식량과 필수품을 비밀리에 지원하고 있다고 밝혔다.

모퉁이돌선교회는 현재 지하교회 성도와 목회자를 양성해 지하교회 개척 사역을 진행하고 있다. 선교회 대표 이삭 목사는 1987년 처음 중국에서 북한 지하교인 할머니를 만나 성경을 전달한 것을 시작으로 북한 지하교회를 세워가고 있다. 2004년에는 북한지역 42곳으로부터 지하교회 모임 소식을 받고 있다고 했다. 그중 3명이 성경학교에서 신학교육을 받고 북한에서 선교하고 있다는 것이다. 2019년에는 북한 14개 도시(해주, 남포, 평양, 평성, 사리원, 개성, 라선, 회령, 청진, 혜산, 신의주, 강계, 원산, 함흥)에 665개 지하교회가 있고, 성경학교에서 4,900명이 신학훈련을 받고 평양 및 대도시의 지하교회를 섬기고 있으며, 10만여 명의 교인들이 전국 170곳에서 예배를 드리고 있다고 밝혔다.

오픈도어선교회는 북한 내부 정보를 인용해 북한에 지하교인 20만~40만 명이 있다고 했다. 각 선교단체들이 북한 지하교회를 보호하기 위해 정보를 제공하는 데 조심하고 있어 전체를 파악할 수는 없지만, 이런 소식들을 종합하면 지금도 북한의 지하교회는 계속 세워지며 성장하고 있다고 봐야 한다. 탈북민 신자들이 북한의 고향 식구들에게 전화통화로 복음을 전도, 그들 가운데 예수를 영접하고 지하교인이 된 경우도 있다.

이렇듯 북한 내에서 지하교회는 꾸준히 증가하고 있다. 통일

전이라도 다양한 루트를 통해 북한 지하교회 세우기를 지속적으로 실시해야 한다.

3. 통일 이후 북한교회 개척

통일 이후 북한교회 개척과 관련, 한기총 북한교회재건운동에서 제시한 연합(한국교회 창구 일원화), 단일(단일 기독교단), 독립(북한 교인에 의한 자립, 독립적 교회 설립)의 원칙이 있다. 연합과 단일, 독립의 원칙이 제대로 적용되기 위해서는 더 깊은 연구는 물론 부단한 대화와 결의가 필요하다.

통일소망선교회는 2021년에 북한교회 개척을 위한 총 40주 과정의 개척학교를 실시했다. 이를 통해 북한교회 개척과 전략 수립을 위한 단계별 훈련을 실시하고 있다. 이것은 꼭 필요한 사역이다. 한국의 모든 교회에 선교통일 교회 세우기가 이루어지면 특정한 사람이나 특정한 교회가 아닌 모든 교회가 통일 이후 북한에 교회를 세우는 데 힘을 집중할 수 있다.

통일 이후 북한에 세워져야 할 교회는 복음과 영적 능력으로 이데올로기 문제를 해결하고, 영(성령)과 진리(복음)로 드리는 예배를 통해 주의 임재와 동행이 이루어지는 교회여야 한다. 별도 교회 건물을 통한 개척이 아니라 가정교회 중심의 개척이 더욱 현실적이며 효율적이다. 또한 지역연합 네트워킹의 형태로 북한의 군 단위 연합을 통해 사회봉사와 지역 섬김의 사역을 실시할 수 있다. 통일 후 북한에 세워질 교회는 땅끝 선교 지향 교회로 미전도 종족, 이슬람과 사회주의권 전도에 집중해야 하며, 남북 교회연합 프로젝트를 실시해 사회통합, 구제, 선교를 효율적이고 전략적으로 실행해야 한다.

통일 이후 북한교회는 각각의 고유한 성향과 기질, 환경, 문화, 삶의 정도에 따라 다양한 형태로 개척되어야 하며 목회 패러다임을 땅끝 선교 비전 목회로 설정해야 한다. 사회통합을 이루는 교회, 예배와 선교지향적인 교회를 개척의 롤모델로 삼아 찾아가 배울 수 있다.

교회 개척의 전략적 계획 수립을 위해 각 지역에 따른 사역 분석, 존재가치와 사명 설정, 지역 환경조사, 비전 세우기를 한다. 개척이 정식으로 진행될 때에는 준비, 계획, 연구, 분석, 실행, 설립의 과정을 따른다.

북한교회 개척에서 경계해야 할 것은 이단과 사이비들이다.(유 1:12) 통일 이후엔 남한 땅에 있는 이단과 사이비들이 더 활발하게 북한에서 활동할 것이다. 이미 북한에 뿌리내린 통일교가 더 먼저, 더 적극적으로 선교에 나설 것이 분명하다. 이단을 막고 건전한 복음 교회가 그 땅에 세워지도록 우리가 먼저 북한에 건강한 교회를 개척하기 위한 준비를 해야 한다. 많은 고난과 역경을 견디며 선교의 문을 연 윌리엄 캐리는 인도 선교 기간뿐만 아니라 평생 일기를 썼다. 그의 일기 가운데 다음 대목은 북한선교의 길을 가는 사명자가 되새겨야 할 내용이다.

"하루종일 뛰고 나서 피곤한 몸을 이끌고 저벅저벅 집으로 걸어올 때면 좀 더 나은 내일이 있기를 기도했다. 우리는 지금의 상태에 머물러 있을 수 없다. 하나님의 약속이 내 마음속에 되새겨질 때마다 내 영혼과 몸은 다시 힘을 얻고 우린 절대로 실패할 수 없는 사람이라는 생각을 했다. 우리는 없어지지 않을 영원한 유업을 받을 자들이다. 자, 우리 함께 그날까지 인내함으로 견뎌보자. 주님이 오실 그날까지."

네 혈육인 북한 사람들을 피하지 말라.

빚진 자의 심정으로 그들에게 복음을

전하되, 북한을 바로 이해하고

전략으로 선교하라!

때가 찬 북한선교의 메시지

12

제 12 강

때가 찬 북한선교의 메시지

때가 찬 북한선교는 어떻게 해야 하는 것인가? 주님은 수령우상 국가가 된 북한 땅에 지금 생명의 복음을 전하라고 하신다. 그 주님의 지상명령에 순종하기 위해 어떻게 해야 하는지 지금까지 했던 강의를 11개 메시지로 다시 풀어 봤다.

1) 지금은 북한선교를 실시할 때다. 주시는 비전을 받으라. 북한선교는 성령의 비전 속에서 시작된다.

2) 북한 사회는 어둠의 영인 수령우상의 지배를 받는 사회다. 우상을 몰아내라.

3) 주체사상은 하나님을 거부하는 인본주의 사상이며, 수령절대주의 사상이다. 저들로 어리석음을 깨닫게 하라.

4) 탈북민은 한반도 통일의 전령사이다. 이들과 하나 되어 이미 온 통일을 누리라.

5) 북한의 기독교 지형이 바뀌고 있다. 주님이 일하시니 우리도 일하자.

6) 탈북자를 구출하는 사역은 선한 사마리아인의 사역이다.

7) 소극적 북한선교 방식에서 적극적 북한선교 방식으로 전환하라.

8) 북한선교는 영적 전투다. 하나님의 전신갑주를 입고 싸우라.

9) 하나님이 주시는 전략으로 선교하라.

10) 북한선교의 VIP(Visionary, Insighter, Promoter)가 되라.

11) 이 땅에 북한선교 교회를 세우라.

이 11개의 메시지를 종합하면 하나의 메시지가 된다.

"네 혈육인 북한 사람들을 피하지 말라. 빚진 자의 심정으로 그들에게 복음을 전하되, 북한을 바로 이해하고 전략으로 선교하라!"

1. 때가 찬 북한선교

하나님은 이미(already) 북한선교를 시작하셨고, 아직(not yet) 완성되지 않은 북한선교를 진행하고 계신다. 우리에게 있어 북한선교는 선택사항이 아니다. 마땅히 행해야 할 필수사항이며, 때를 얻든지 못 얻든지 반드시 행해야 할 절대사명이다.

모든 것에는 때가 있다.(전 3:1) 말콤 글래드웰은 '아웃라이어'에서 1만 시간의 법칙을 제시했다. 어느 분야에서든 세계적 수준의 전문가가 되려면 1만 시간의 훈련이 필요하다는 것이다. 그렇게 훈련을 쌓으면 자신의 전문 능력을 발휘할 때가 반드시 찾아오는데, 그때가 기회의 시간이라는 것이 글래드웰의 주장이다.

북한선교의 때가 찬 시간(πεπληρωται ο καιρος)은 하나님이 정하신다. 주가 부르시는 때, 주가 주시는 사명의 시간(카이로스)이 때가 찬 시간이다. 에녹은 65세에 므두셀라를 낳았다. 65세라면 자녀를 낳기에는 불가능에 가까운 시간이지만, 에녹에게는 바로 그 순간이야말로 하나님이 주신 때가 찬 시간이다. 그 카이로스의 순간 이후에 에녹은 선지자로 하나님과 동행하며 살았다. 모세는 나이 80에 광야에서 하나님의 부르심을 받았다. 그때가 모세에게는 바로 때가 찬 시간이다. 바울은 2차 전도 여행 때, 선교의 문이 닫히는 경험을 한다. 그때 마게도냐 사람 한 명이 "건너와서 도와달라"고 부탁하는 환상을 보았다. 바로 그 순간이 유럽 선교의 때가 찬 시간이다. 때가 찬 시간은 하나님이 정하신다. 그 시간은 변화의 역사가 시작되는 기회의 시간이다. 성령은 이 일을 주도하시고, 이 사역을 가능케 하신다. 성령의 권능이야말로 북한선교의 최대 동력이다.

"오직 성령이 너희에게 임하시면 너희가 권능을 받고 예루살렘과 온 유대와 사마리아와 땅 끝까지 이르러 내 증인이 되리라 하시니라(αλλα ληψεσθε δυναμιν επελθοντος του αγιου πνευματος εφ υμας και εσεσθε μοι μαρτυρες εν τε ιερουσαλημ και εν παση τη ιουδαια και σαμαρεια και εως εσχατου της γης)"(행 1:8)

2. 북한 사회에 대한 바른 이해

북한은 수령의 절대 권력을 중심으로 세워진 수령절대주의 국가다. 더 나아가 수령종교 국가로 주체교를 믿는 사이비 종교집단이다. 북한의 수령은 모든 법 위에 있고, 모든 종교 위에 군림하는 절대적 존재다. 북한은 수령을 절대화하기 위해 해방신화와 승리신화, 낙원신화, 통일신화, 세습신화를 만들었고, 죽은 수령의 시신이 안치된 금수산태양궁전을 영원한 성지로 만들어 사람들로 참배하게 하고 있다. 북한에서 수령은 신이며 절대자다.

북한체제는 수령에 대한 충성도를 높이고 주민을 통제하기 위해 성분정책을 실시하고 있다. 특별한 존재인 백두혈통을 필두로 핵심계층, 일반계층, 복잡계층(적대계층)으로 분류했다. 북한 주민들은 태어나면서부터 주어진 성분에 종속돼 평생을 살아야 한다.

북한엔 두 나라가 존재한다. 특권을 누리는 평양과 누리지 못하는 지방이다. 평양시 주민은 상류층이 20%, 중류층이 50%, 하류층이 30%다. 수입은 상류층이 한 달에 1,000달러 이상, 중류층은 100~1,000달러, 하류층은 100달러 미만이다. 지방은 상류층 5%, 중류층 25%, 하류층 70%로 구성되며, 수입은 상류층 500달러 이상, 중류층 50~500달러, 하류층 50달러 미만이며 주민 대부분이 농민, 노동자다.

북한 돈주의 상황을 보면 대돈주는 1,000만 달러 이상을 소유한 자로 100명가량 된다. 이들은 100인 클럽을 조직해 서로 카르텔을 형성하고 있다. 대부분이 김일성, 김정일의 친척들이거나 중앙당 산하 무역회사 간부들이다. 종합시장에서 자금을 축적한 신흥자본가들은 1,000여 명으로 각각 100만 달러 정도를 소유하고 있다. 중앙당 부장, 인민무력부장, 보위부장, 보안원 국장, 중앙당 산하 무역회사 간부들이다. 중돈주는 10만 달러를 소유하고 있는 자본가로 10만 명 정도 된다. 개인 식당, 개인 상점, 개인 사우나, 수영장 등을 소유하고 있다. 주로 법관(보위부, 보안원, 검찰소)과 군관 등 중간간부들이다. 소돈주는 월 소득 1,000달러 이상인 중류층 주민으로 약 30만 명가량 된다. 주로 대규모 도매상인들과 가내수공업자들이다. 북한선교를 위해서는 이러한 북한 사회의 실체를 정확히 알아야 한다.

3. 주체사상 이해와 북한선교

북한선교를 위해서는 반드시 북한의 주체사상을 이해해야 한다. 북한 내부에서 인식하는 주체사상은 10대 원칙과 주체철학이 합쳐져 만들어진 김정일의 수령절대주의다. 수령절대주의 주체사상에서 가장 강력하게 주장하는 이론은 사회정치적 생명체론과 유기체론이다. 사회정치적 생명체란 수령이 통치하는 사회속에 사는 주민은 수령이 준 생명으로 사는 존재이므로, 수령을 어버이로 부르며 그의 통치에 절대복종해야 한다는 것이다. 유기체론은 북한의 수령은 뇌수이고 북한 주민은 지체로 유기적 관계를 맺고 있다는 이론이다.

주체사상의 내면화 정도를 분석할 때, 주체사상을 절대적으로 수용하여 어떤 경우에도 이 사상을 버리지 않을 존재를 충성분자라 한다. 이런 충성분자가 되기 위해 열심을 다하는 부류를 성실분자라 한다. 하지만, 수십 년 동안 이밥에 고깃국을 먹여준다고 했지만 실제로는 절대빈곤 속에 살 수밖에 없는 그 땅에서 회의를 품거나 반대하는 이들이 있을 수밖에 없다.

북한선교를 위해서는 주체사상을 바로 이해해야 하며 주체사상의 내면화 정도에 따른 선교전략을 세워야 한다. 한반도 통일의 가장 큰 장애는 수령절대주의 주체사상 맹신자들의 존재다. 황장엽은 "적어도 250만 명은 어떤 경우도 주체사상을 포기하지 않고 한반도에서 계속해서 사상투쟁을 벌일 것"이라고 우려했지만 인간의 사상과 이론은 영원할 수 없다. 주체사상의 이론은 하나님의 강력한 능력 앞에서 무너지고 말 것이다.(고후 10:4)

4. 북한선교를 위한 탈북민 이해

탈북민은 탈북 목적에 따라 그 관심 분야가 다르다. 생계형 탈북민은 생존과 경제적 부에 관심이 많고, 유학형 탈북민은 배움과 자기 성장에 관심이 많다. 한류형 탈북민은 문화를 누리거나 자유로운 삶에 관심이 높고, 종교형 탈북민은 소수지만 신앙의 자유와 북한선교에 관심을 갖는다. 이산가족 상봉형 탈북민은 가족 사랑과 돌봄에 관심이 있고, 체제 저항 탈북민은 자유와 새로운 삶에 관심이 많다. 이들과 하나 되는 경험은 곧 통일을 경험하는 일이기에 중요하다.

탈북민에게는 사회주의 국가들에서 나타나는 특징이 내재화되어 있다. 집단을 위해 자신을 희생하는 것이 옳다고 생각하며,

자신을 위해 집단에 대항하는 것은 옳지 않다고 여긴다. 이들은 유교적 남존여비 사상이나 충효 사상, 정심수신(正心修身)의 훈육주의적 도덕주의에 익숙하다. 또한 이중적 도덕률을 갖고 있어 공적 생활의 도덕률과 사적 생활의 도덕 기준이 다르다. 또 성품은 호상비판(상호비판) 등 총화교육의 영향으로 부정적이거나 비판적 의식이 강한 편이다. 영적 의미나 가치 차원에서 보면 탈북민은 통일의 마중물로, 한반도 통일국가와 사회통합의 선발대, 남한의 북한 사람들의 이해를 위해 먼저 보내준 선생이라고 할 수 있다. 또한 통일의 열망을 지속시키는 통일 동력인이며, 북한선교의 동역자다.

5. 북한선교와 북한 기독교 지형 변화

1945~49년은 북한의 기독교 압박기다. 당시 북한의 기독교인 3분의 1가량이 남하했다. 북한 내 기독교는 김일성을 지지하는 조선기독교연맹 소속 교회와 비소속 기독교인들로 나뉘었다. 1950~72년은 기독교 박해기다. 본격적으로 박해가 시작된 시기다. 모든 교회는 문을 닫았고, 수많은 기독교인이 순교했다. 기독교인은 종교인으로만 분류될 뿐 종교활동은 하지 못하게 되었기에 많은 신자들이 지하로 숨어 믿음생활을 지속했다.

1972~87년은 주체사상 영향기로 북한체제가 종교를 이용해 통일전선 전술을 구사한 시기다. 이때 신학교를 다시 시작하고, 성경책을 인쇄하고, 남한 등 외부 기독교와 대화를 시작한다.

1988~97년은 체제 내 종교 허용기이다. 이때 체제 내 기독교가 출현하여 남한 교회와 외부 기독교 선교단체 그리고 NGO 단체와 교류하며 인도적 지원 창구로서의 역할을 한다. 1998~2012년은 새순 지하교회 확장기이다. 고난의 행군 기간에 조중 접경지대에서 복음을 받아들인 탈북자가 다시 북한에 들어가 지하교회를 확장한 시기다. 이때 사라져가던 그루터기 지하교회와는 다른 지하교회 망이 형성된다. 1998년 북한 헌법 제5장 68조는 종교의 자유를 이렇게 규정하고 있다.

"공민은 신앙의 자유를 가진다. 이 권리는 종교 건물을 짓거나 종교의식 같은 것을 허용하는 것으로 보장된다. 종교를, 외세를 끌어들이거나 국가 사회질서를 해치는데 리용할 수 없다."

이후 북한에 기독교 건물인 봉수교회, 칠골교회가 세워졌다. 하지만 북한은 물질적 지원을 막대하게 쏟아부은 이단 통일교에 많은 특혜를 주고 있다. 통일교 건물인 세계평화센터가 2007년 평양시 평촌구역 안산동에 건축되었다. 9,075평 부지에

건평 1,409평, 연건평 2,741평, 지하 1층 지상 5층의 건물인데, 이곳에 통일교 예배실이 마련되어 있다. 평안북도 정주시에는 30만 평의 대지 위에 문선명 총재 생가 코스, 세계평화공원이 세워져 있다.

김정은 체제인 2013년부터 현재까지는 지하교회 박해기이다. 김정은 정권은 종교에 관심이 없다. 지하교회를 통해 한류가 스며들어오거나 성경이 보급되는 것을 막기 위해 반동사상문화배격법(2020년)을 제정해 박해의 강도를 더하고 있다.

6. 탈북자 구출사역과 북한선교

탈북자들을 구출하고 돕는 것은 이사야 58장 6~7절에 응답하는 사역이다. 탈북자들이 한국으로 들어오는 루트는 모두 생명을 담보로 하는 어려운 길들이다. 1만 ㎞의 육로를 통과하고, 수개 국의 국경을 월경하고, 밀입국을 통해 이민국 수용소를 거쳐 한국에 오게 되는 머나먼 여정이다. 탈북 루트는 다양하다. 대사관 루트(태영호 의원), 몽골 루트, 중국·라오스·미얀마 루트(지성호 의원), 중국·라오스·태국 루트, 러시아 루트, DMZ 루트, 동해 혹은 서해 해상 루트 등이 있다. 탈북자 구출 사역은 주님의 말씀에 순종하여 주님을 섬기는 선한 사마리아인 사역이다.

"내가 주릴 때에 너희가 먹을 것을 주었고 목마를 때에 마시게 하였고 나그네 되었을 때에 영접하였고 헐벗었을 때에 옷을 입혔고 병들었을 때에 돌보았고 옥에 갇혔을 때에 와서 보았느니라"(마 25:35~36)

7. 북한선교 방식

북한선교를 하려면 시대적 상황 변화를 바로 읽어야 한다. 영적 통찰력으로 북한의 정치, 경제, 사회, 문화, 교육, 기술, 국방, 종교 지형의 변화를 읽어내야 하고, 영적 분별력으로 세계의 이데올로기 흐름과 국제진영 변화, 국제경쟁과 외교, 군사, 기독교 박해 양상을 바로 파악해야 한다. 또한 영적 선교전략을 위해 세계 산업구조의 1~6차 혁명, A(인공지능)·I(사물인터넷)·C(클라우드)·B(빅데이터)·M(모바일)의 변화를 바로 이해하고, 그것들을 선교를 위한 문화적 도구로 활용할 수 있어야 한다.

전략적인 북한선교를 위해서는 첫째, 복음선교에 대한 소명과 사명에 대한 확신으로 시작해야 한다. 둘째, 북한(체제, 주민, 영적 상태)과 세계 변화에 대한 정확한 이해가 있어야 한다. 셋째, 북한선교 전략을 세우고 선교해야 한다. 핍박 지역 선교전략으로 비상시 선교전략, 비거주 선교전략, 비대면 선교전략이 필요하다. 넷째, 각기 은사를 따라 지속적으로 시도해야 한다. 다섯째, 북한선교의 연속성을 위해 다음 세대를 일으켜야 한다.

8. 북한선교의 영적 전투

첫 번째 영적 전투는 진리 선포를 위한 전투이다. 북한은 세계 기독교 박해국 1위 국가다. 수용소에 잡힌 기독교인이 4~6만 명이나 된다. 북한체제는 복음의 영광이 드러나지 못하게 막는 체제다. 또한 북한체제 내 교회는 수령 3대를 믿고 따르게 하며 기독교를 왜곡시키고 있다.

두 번째 영적 전투는 화해 성취를 위한 전투이다. 기독교 공동체는 진정한 하나 됨을 위해 삼위일체 하나님의 역사로 이루어지는 공동체이며, 하나님과의 관계가 회복된 공의 공동체이고, 주 안에서 이웃과의 관계가 회복된 사랑 공동체이며, 성령의 역사로 하나 되는 은혜 공동체이다. 북한선교는 북한 땅에 주가 받으시는 공동체, 이웃사랑 실천 공동체를 세워 진정한 화해를 성취하는 선교여야 한다.

세 번째 영적 전투는 영적 은혜를 위한 전투이다. 고난의 행군 기간 미션홈 사역장에서 일어난 역사는 영적 기적의 역사다. 군대귀신 축귀사역, 믿음의 기도사역, 옥문이 열리는 기적, 하나님의 보호하시는 은혜 체험, 성령의 은사와 능력 무장, 영적 찬양,

악한 영으로부터의 자유 사역 등 모두가 영적 은혜의 사역이다. 북한선교는 영적 은혜로 이루어지는 사역이다.

9. 전략적 북한선교

한국교회는 네비우스 선교전략에 큰 도움을 받고 성장했다. 하지만 6·25전쟁 이후 자급자족의 원칙이 일시 중단된 적이 있다. 경제적 어려움 속에서 교회들의 상호협력이 필요했기 때문이다. 자치와 자전의 원칙은 그대로 진행하되 독자적인 자립보다는 통합과 상호의존의 전략을 사용한 것이다. 이는 북한선교를 위한 선교전략을 세우는 데 반드시 참고해야 할 대목이다.

통합전략으로 북한선교 사역별 통합이 필요하다. 창의적 전략으로 배타적 선교사역을 실시하고 있는 사역들을 통합해야 한다. 인도적 지원사역과 인권사역의 통합, 체제 내 교회 섬김과 지하교회 지원사역의 통합, 탈북자 구출사역과 탈북자 선교사역의 통합, 북한선교 교육사역과 선교통일 기도사역의 통합이다. 두 개 사역을 통합할 뿐 아니라 서너 사역을 통합해 인적·물적 동원사역을 함께 진행하는 전략이 필요하다.

또 상호의존 전략으로 개척교회와 소형교회, 중대형교회가 상호의존해 북한선교에 참여하는 전략 구조를 만든다. 그 일환으로 다음 세대(자녀)와 기성세대(아비)가 상호의존할 수 있는 전략을 구상해 볼 수 있다. 남한에서 북한사역을 하는 사역자와 북한 내지 사역자의 상호의존 사역이나, 디아스포라 한인 교회와 외국인 교회의 상호의존 사역 등 다양한 상호의존 사역을 전략적으로 개발하는 것이다.

전략적 북한선교를 위해서는 북한선교의 전반적인 국면을 이해하고, 다양한 북한선교의 사역을 전략적으로 배치해야 한다. 아울러 북한체제 속에서 주체사상화 정도에 따른 전략적 선교를 구체적으로 준비하여 실시해야 한다.

한반도 통일 후 교회 세우기 전략에서 반드시 고려해야 할 사항은 첫째, 분단 이전 세워졌던 3,000여 교회를 잘 정리해 이를 남한의 교회가 일대일로 입양하는 것이다. 각 지역에 세울 교회를 중심으로 입양한 교회들이 먼저 통일 후 북한에 교회 세우기 사역을 실시해 무질서한 경쟁 가운데 선교하는 일이 일어나지 않게 해야 한다. 둘째, 북한 지하교회의 사역자와 북한 선교사가 연계해 지역교회 세우기의 주도권을 가질 수 있게 해야 한다. 셋째, 남한의 교회는 당장 남북 사회통합을 위한 선교통일목회를 실시해야 한다. 역사와 민족, 교회 앞에 서는 막중한 책임감과 순교적 결단으로 북한선교에 참여해야 한다. 넷째, 북한선교는 땅끝 전도 사명의 맥락 속에서 이루어져야 한다. 다섯째, 북한의 주체사상을 극복할 수 있는 교회 세우기를 준비해야 한다.

10. 북한선교 일꾼 세우기

북한선교를 위해 필요한 일꾼은 북한 선교사 양육자와 북한 선교사, 북한선교 활동가이다. 북한선교 학위과정을 개설해 전문 선교사를 양성해야 한다. 북한선교 교육을 할 교육자가 필요하며 교육 교재, 교육과정을 개발해 각 교회에서 북한선교의 소명을 받은 성도들을 양육하고 일꾼으로 세워야 한다.

첫째, 북한선교 교육에서는 이론 교육과 실기 교육이 병행되어야 한다. 이론 교육자는 북한선교의 사명을 받은 자(행 20:24)로 가르치는 은사가 있어야 한다. 선교학과 북한학을 체계적으로 습득한 자라야 한다. 교회 현장과 선교 현장을 이해하고, 전략적 선교에 대한 창의적 지혜를 가진 자로 복음적 관점에서 교육할 수 있는 자라야 한다. 실기 교육자는 이론 교육을 모두 이수한 자로, 10년 이상 북한선교 현장 사역 경험이 있어야 하며 의미 있는 사역 결과를 도출한 경험이 있는 자라야 한다.

둘째, 복음적 관점에서 북한선교를 풀어내는 교육 교재가 있어야 한다. 기본 교재로 북한선교학 개론과 선교통일론 개론이 필요하다. 북한선교의 각론을 위한 교재로는 북한의 체제 이해에 관한 교재(정치, 외교, 군사), 북한의 사상 이해에 관한 교재(주체사상), 북한의 사회문화 이해에 관한 교재(북한 사회, 주체문예), 북한 사람의 이해에 관한 교재(식의주, 생활문화, 성격), 북한의 종교지형 이해에 관한 교재(체제 내 종교와 지하종교, 북한교회사), 북한선교 전략에 관한 교재 그리고 간증 서적과 스터디 가이드북 등이 있어야 한다.

셋째, 교육과정이 준비되어 실행되어야 한다. 단기과정으로는 선교통일학교 운영, 중기과정으로는 연합모임(기도, 교육 등)과 선교학교 운영[1년간 주 1회, 3년간 월 1~2회(기본, 심화, 적용) 실시], 장기과정으로 교회 및 연합기관(총회, 연합회) 내 부서 운영으로 매주 체계적 학습을 실시하고, 실천 활동을 하고, 비전트립을 가며 북한선교대학, 선교통일대학을 운영하는 것이다.

북한선교 일꾼은 VIP가 되어야 한다. 북한선교의 미래를 읽고 전망을 제시하는 사람(Visionary), 북한선교의 통찰력이 있는 사람(Insighter), 북한선교를 촉진하는 사람(Promoter)이 되어야 한다.

11. 북한선교 교회 세우기

북한선교 교회는 선교통일목회를 실시하는 교회로, 땅끝 선교 비전을 따라 북한선교 사역을 진행하는 교회이다. 북한선교 교회 세우기 프로세스는 먼저 신앙고백의 터 위에 교회를 세우는 것이다. 그 다음 단계는 남한지역 복음화를 우선적으로 교회의 1차 사명에 두는 것이다. 다음 단계는 목회 패러다임을 전환하는 것이다. 이때는 선교통일목회를 실시한다. 선교통일목회가 잘 진행되면 교회의 2차 사명으로 북한교회 세우기에 헌신하는 것이다. 통일 이전에는 북한 지하교회를 개척해 지원하고, 통일 이후에는 북한에 무너진 교회를 다시 세우는 사역을 실시한다. 북한선교 교회는 다양하게 세워질 수 있다. 모두 이 프로세스 그대로 북한선교 교회가 세워질 필요는 없다. 북한선교에 동참하는 모든 교회는 북한선교 교회이다.

북한선교 교회는 북한선교에 대한 동기부여를 지속해서 일으키기 위해 북한선교주일을 실시한다. 이때 선교통일 사역자가 선교통일 메시지를 강력하게 선포해 동기부여가 일어나게 해야 한다. 또한 통일과 북한선교를 위한 기도회를 개별 교회와 연합 기도회 형태로 지속적으로 실시한다. 북한선교학교를 개설하여 운영한다. 탈북민과 함께하는 목회 프로그램을 실시하고, 단기 선교 여행으로 조중 접경지대, 조러 접경지대, 공산권의 북한선교 교회를 방문한다. 각 교회는 자체 역량만큼 북한선교 단체를 지원하는 사역을 전략적으로 실시한다.

북한선교는 광야에서 가나안 땅으로 들어가는 사역과 같다. 광야에서 죽은 이스라엘 사람들의 믿음을 가져서는 안 된다. 북한선교 사역자는 여호수아와 갈렙 같은 믿음을 가진 사역자여야 한다. 아무리 북한선교가 어렵고 힘든 사역이라 해도 두려워하거나 겁내서는 안 된다. 가나안에 들어가려면 가나안 일곱 족속을 멸절시켜야 한다.

북한선교를 위해서는 북한 안의 일곱 가지 거짓과 싸워야 한다. 첫째, 북한 사회의 거짓 가정인 사회주의 대가정이다. 사회주의 대가정의 아버지는 수령이고, 북한 주민은 모두 자녀이다. 둘째, 북한체제의 거짓 통치인 사회정치적 생명체이다. 이때 수령은 북한 주민에 사회적 영생을 주는 어버이이고, 북한 주민은 수령에 의해 거듭난 생명이다. 셋째, 북한의 거짓 이념인 인본주의 수령절대주의 주체사상이다. 인본주의는 하나님의 존재를 인정하지 않는다. 넷째, 북한교육의 거짓 선동인 수령신화와 혁명역사다. 이는 모두 조작된 거짓 역사다. 다섯째, 북한경제의 거짓 비전인 진화론적 공산세계의 도래다. 자본주의는 망하고 반드시 공산주의 사회가 도래한다는 진화론은 거짓이다. 여섯째, 북한 국방의 거짓 평화인 핵무력에 의한 평화다. 힘에 의한 평화는 거짓이다. 일곱째, 거짓 종교의 자유와 수령우상 종교다. 북한에는 종교의 자유가 없다. 우상화된 수령만 믿으라는 우상

국가이다. 거짓의 아비는 사탄이다. 거짓을 행하는 자는 하나님
의 집에 거주하지 못한다.(시 101:7)

때가 찬 북한선교

초판 1쇄 _ 2023년 3월 29일

지 은 이 _ 송바울
펴 낸 이 _ 이태형
펴 낸 곳 _ 국민북스
편   집 _ 김성원
마 케 팅 _ 김태현
디 자 인 _ 서재형

등록번호 _ 제406~2015~000064호
등록일자 _ 2015년 4월 30일

주   소 _ 경기도 파주시 와석순환로 307, 1106~601 우편번호 10892
전   화 _ 031~943~0701
팩   스 _ 031~942~0701
이 메 일 _ kirok21@naver.com
ISBN 979-11-88125-49-4 03230